SALON DE 1875

PEINTURE ET SCULPTURE

PAR

M. ANATOLE DE MONTAIGLON

AQUARELLES, DESSINS ET GRAVURES

PAR

M. LOUIS GONSE

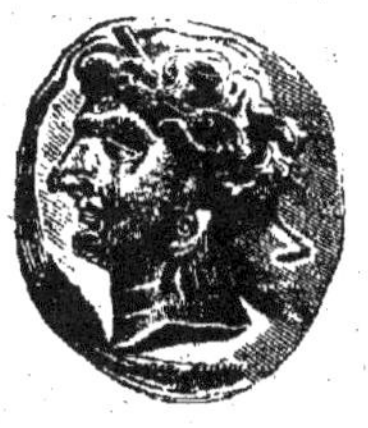

PARIS

GAZETTE DES BEAUX-ARTS
3, RUE LAFFITTE, 3

DETAILLE
RUE DES BEAUX-ARTS, 10

AOUT MDCCCLXXV

SALON DE 1875

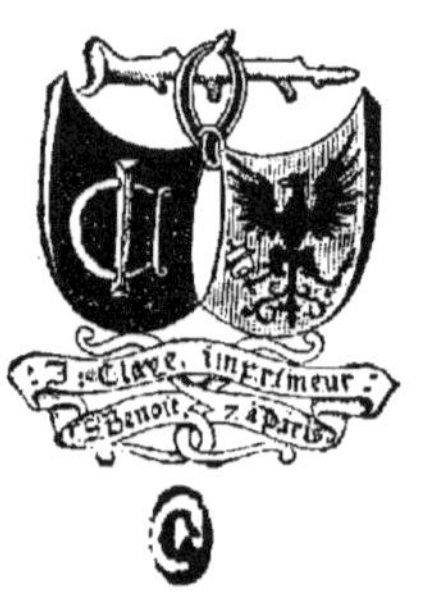

SALON DE 1875

PEINTURE ET SCULPTURE

PAR

M. ANATOLE DE MONTAIGLON

AQUARELLES, DESSINS ET GRAVURES

PAR

M. LOUIS GONSE

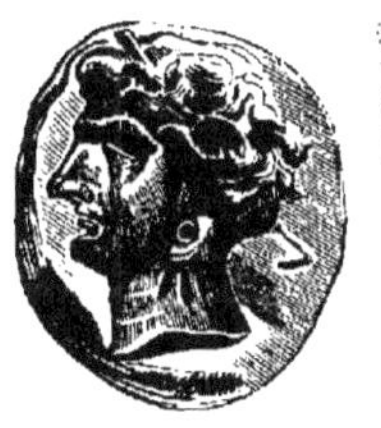

PARIS

GAZETTE DES BEAUX-ARTS | DETAILLE

3, RUE LAFFITTE, 3 | RUE DES BEAUX-ARTS, 10

AOUT MDCCCLXXV

EXTRAIT DE LA *GAZETTE DES BEAUX-ARTS*

(Juin, Juillet, Août 1875).

———

Tiré à part
à dix exemplaires sur papier de Hollande
et à quatre-vingt-dix exemplaires sur le papier de la *Gazette*,
dont cinquante seulement seront mis en vente.

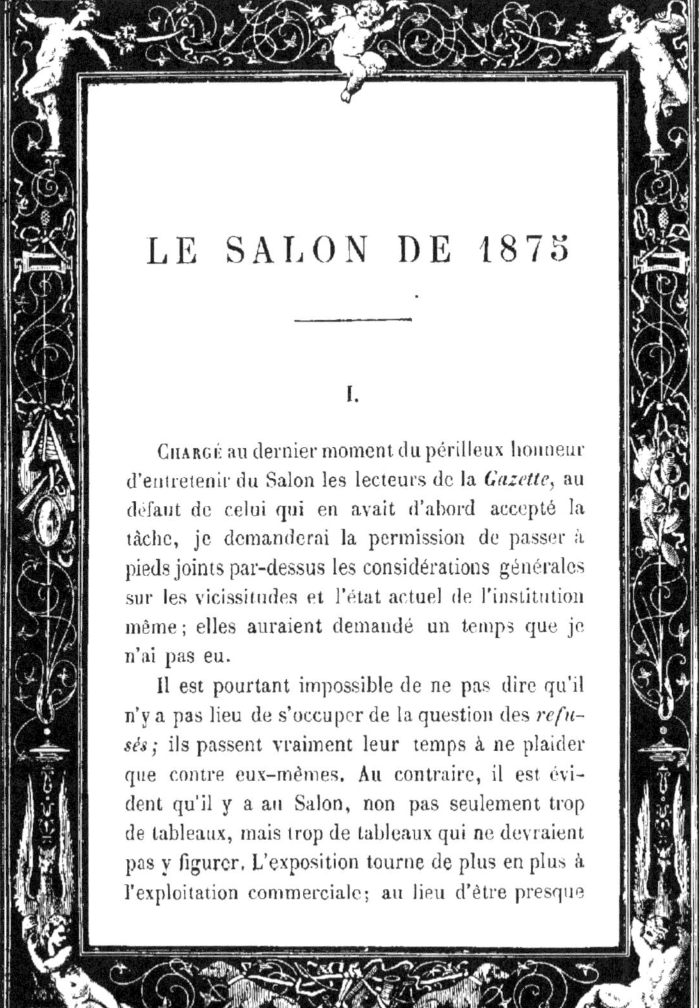

LE SALON DE 1875

I.

Chargé au dernier moment du périlleux honneur d'entretenir du Salon les lecteurs de la *Gazette*, au défaut de celui qui en avait d'abord accepté la tâche, je demanderai la permission de passer à pieds joints par-dessus les considérations générales sur les vicissitudes et l'état actuel de l'institution même ; elles auraient demandé un temps que je n'ai pas eu.

Il est pourtant impossible de ne pas dire qu'il n'y a pas lieu de s'occuper de la question des *refusés* ; ils passent vraiment leur temps à ne plaider que contre eux-mêmes. Au contraire, il est évident qu'il y a au Salon, non pas seulement trop de tableaux, mais trop de tableaux qui ne devraient pas y figurer. L'exposition tourne de plus en plus à l'exploitation commerciale ; au lieu d'être presque un concours, elle devient une halle et un marché. Ceci serait affaire aux artistes eux-mêmes, et, à un autre moment de l'année, l'État pourrait les y aider par le seul prêt d'un local ; mais il faut bien penser que le Salon est une exposition officielle, maintenue en cette qualité, et à juste titre, au budget, duquel il serait honteux qu'elle disparût, et cette condition publique fait donner à ce qui s'y trouve une sorte de consécration. Il s'agit là réellement de l'éducation générale, et le public, qu'on ne fait jamais intervenir dans la question et vis-à-vis duquel il y a cependant des devoirs, a le droit qu'on ne lui montre et qu'on ne lui recommande pas de lamentables platitudes. Elles écœurent ceux qui en souffrent, elles faussent le goût de ceux dont l'éducation n'est pas encore faite, et, comme il arrive au théâtre quand un véritable acteur n'est entouré que d'une troupe de fer-blanc, ce sont les bonnes choses qui perdent, et plus qu'on ne le croit en général, à se trouver à côté de trop mauvaises, qui déteignent sur elles et les gâtent. C'est l'ivraie qui étouffe le bon grain, et le résultat infaillible est le même qu'en versant des gouttes d'encre dans de l'eau pure ; est-il besoin de dire que ce n'est pas la pureté qui l'emporterait, car, au moins momentanément, le mal est toujours plus fort que le bien et ne s'en approche jamais sans l'atteindre et sans le blesser.

Il y a donc quelque chose à faire. Pour l'exposition de l'État, c'est un Salon plus sévère, un *Salon,* en un mot, pour prendre le terme dans sa vieille acception, restreint à cinq ou six cents tableaux, autrement dit à un nombre fixé et connu d'avance, de façon à ce que l'exclusion, nécessitée par cette limitation du nombre, n'ait pas forcément le caractère d'une condamnation. Mais pour cela il faudrait qu'il n'y eût aucune exemption. L'exemption, qui paraît d'abord juste, est une des plaies des Salons actuels et la plaie la plus pernicieuse. Non-seulement elle fait entrer des œuvres exécrables ; mais, comme il est naturel de croire que tout ce qui a été exclu doit être en somme inférieur à la valeur moyenne de ce qui est exposé, l'exemption entraîne à recevoir ce qui se trouve à peu près au-dessus ou à côté des mauvaises œuvres que l'exemption a fait entrer, et à abaisser bien au-dessous des dernières limites du médiocre la moyenne des œuvres admises après examen. On se rendra facilement compte, en face du Salon même de cette année, que, s'il n'y avait que six cents numéros au lieu de deux mille dix-neuf, — je laisse en dehors les huit cent six dessins, aquarelles, etc., — il n'y aurait certes pas un bon tableau de moins. Il y aurait même encore bien des ouvrages d'une valeur plus qu'ordinaire, de sorte que la sévérité de l'examen ne serait que bien relative.

Ce n'est, je le répète, que dans la limitation du nombre total du

Salon officiel, en favorisant d'ailleurs l'extrême liberté des expositions
particulières, ce n'est que dans le retrait de l'exemption et dans la justice de l'examen antérieur que l'on pourrait trouver le moyen d'arrêter
la décadence évidemment croissante des Salons et de la généralité de
l'art lui-même, en excitant ainsi à une production plus haute et plus
élevée, aussi bien que moins hâtive, plus consciencieuse et en même
temps entourée de plus de consécration et de respect.

Il y aurait là-dessus bien à dire, et précisément c'est ce qu'on dit le
moins, parce que ceux qui s'y trouvent directement en cause s'occupent
forcément beaucoup moins du besoin général et supérieur que des idées
et même des passions personnelles, qui arrivent bien vite à n'être que
des intérêts. Mais aujourd'hui j'ai hâte d'entrer en matière.

II.

Ce qui est certain, c'est que, malgré quelques belles œuvres qui sont
l'exception, la moyenne du Salon n'est point élevée. Ce qui domine, c'est
l'habileté, l'émiettement, la recherche du petit succès, tantôt l'exaspéra-
tion de l'individualisme sans valeur, tantôt le pastiche ou plutôt la con-
trefaçon de n'importe quoi et de n'importe qui, pourvu qu'on croie y voir
une chance de meilleure vente, la manie des accessoires, l'obéissance à
la photographie, le culte du morceau, la glorification de l'esquisse et de
la pochade, le mépris de la composition, et par-dessus, ce qui comprend
tout, l'absence à peu près complète de préoccupations intellectuelles et
élevées. Autrement dit, ce qui manque le plus, c'est l'intelligence, sans
laquelle pourtant rien ne se fait de durable. Si cela devait continuer, le
danger serait bien grave; mais, si les artistes et le public réagissent dans
le moment l'un sur l'autre de la façon la plus folle et la plus périlleuse
pour tous deux, il faut penser que c'est la mode, et que la mode a précisément pour caractère de changer. Ceux-là mêmes qui la font ou qui la
suivent seraient autres si la mode était différente, et elle est d'autant
plus près de passer là où elle n'est pas qu'elle est aujourd'hui plus au contraire. En somme, ce qu'on appelle, et à juste titre, la grande peinture
lutte contre l'indifférence ou la raillerie. Le genre, qui a eu une si belle
place et qui mériterait de la garder, n'est pas à coup sûr en progrès; il
a cru trouver le moyen de se passer de bon sens et même d'esprit. Le
paysage, qui avait de si vaillants et de si sérieux interprètes, se perd dans
le lâché de l'improvisation vaniteuse et de la production facile pour être
rapide. L'impuissance même essaye de passer à l'état de principe et de
s'ériger en génie, à quoi se prennent quelques sots. Ceux-là seraient bien

honteux d'eux-mêmes dans quelques années, s'ils étaient capables de se souvenir qu'ils ont cru estimer quelque chose ; mais il ne leur en restera malheureusement rien, si ce n'est l'idée que rien n'est admirable, que la mode et le hasard sont tout, que toutes les admirations enfin et tous les jugements n'ont aucune valeur, n'ont jamais de raison d'être et ne sont que des poses et des attrape-nigauds. Soyez sûrs qu'ils s'en garderont.

Il se produit même cette année un fait très-inattendu, c'est qu'une branche de l'art, à laquelle d'ailleurs on n'attache pas toujours assez d'importance, se trouve être la plus vigoureuse. Ce sont, en effet, et d'une façon incontestable, les portraits qui sont les œuvres les plus élevées et les plus hautes de style, les plus complètes de dessin, les plus parfaites de peinture.

A coup sûr ce n'est pas d'aujourd'hui qu'un beau portrait est une belle œuvre et que pour la bien faire il faut être un artiste de valeur. Les plus beaux portraits ne sont l'œuvre que des plus grands peintres. Pour ne citer qu'au courant de la plume, y en a-t-il de supérieur ou même d'égal à la Joconde de Léonard, au Jules II et au Balthazar Castiglione de Raphaël? Rubens comme portraitiste est supérieur à Van Dyck lui-même, comme Champagne et Poussin le sont à Rigaud. Au commencement de ce siècle, les portraitistes ne sont pas Robert Lefèvre et Kinson, mais David, Gérard et Prud'hon. De nos jours le grand portraitiste c'est M. Ingres, et personne, ce dont ne s'aperçoivent pas ceux qui ne veulent voir en lui que l'homme de la tradition, n'a représenté d'une façon plus juste, plus souple, plus variée et plus passionnément sincère, la modification successive des types et des costumes; qu'on pense à la différence entre le portrait de Mme de Vauçay et celui de Mme d'Haussonville. Tous ces artistes et bien d'autres ont fait les plus admirables portraits qui puissent être, mais en même temps leur époque leur faisait faire autre chose. Cette année ceux qui ont exposé de si beaux portraits auraient, eux aussi, pu faire autre chose, mais on ne leur a demandé que cela. Ce qui est sûr en fait, c'est que les bons portraits forment cette fois au Salon la phalange la mieux armée, la plus solide, la plus vaillante. Commencer par eux n'est donc que justice.

En même temps il y a une chose également incontestable, c'est que le plus beau portrait et peut-être la peinture la plus marquante du Salon est le portrait en pied de Mme Pasca par M. Bonnat.

Il ne serait possible de s'y prendre qu'à une seule chose, c'est à la qualité peut-être trop sommaire du fond. Dans une tête, et même dans un portrait en buste, le fond a peu de place ; si l'on y mettait des

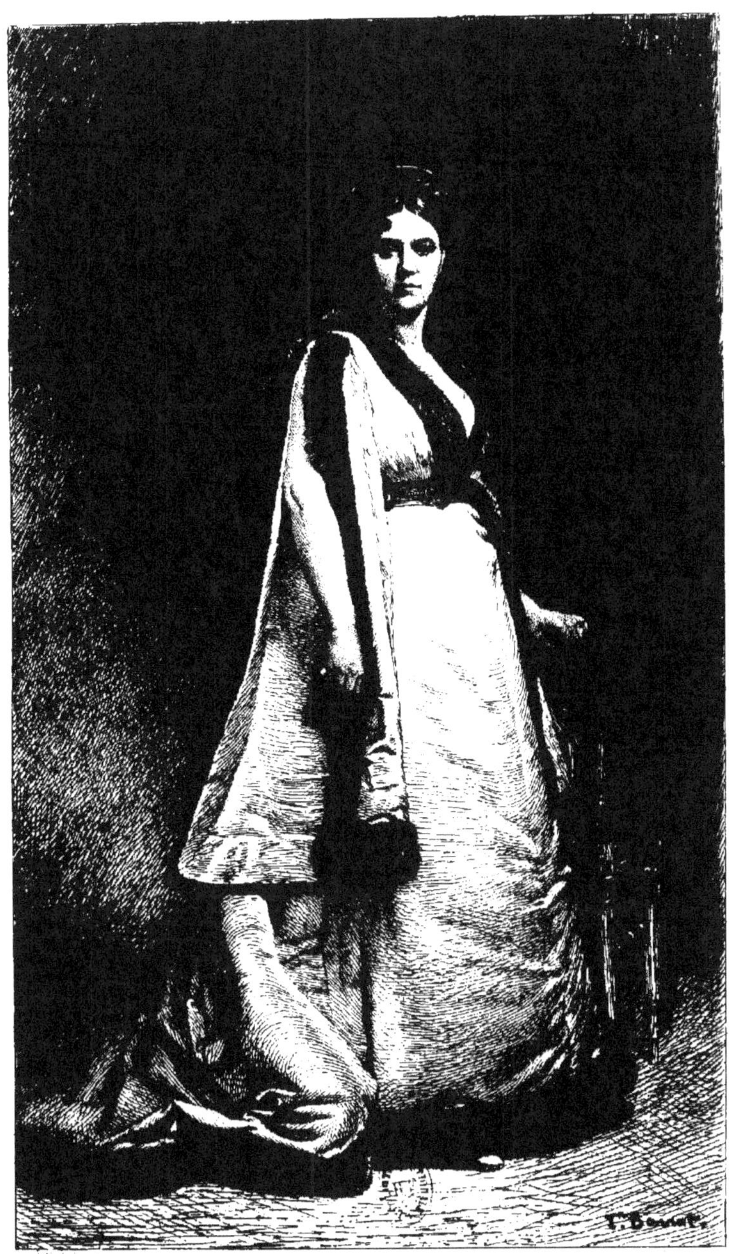

détails, même en les perdant, ils viendraient en avant et nuiraient au visage. Aussi a-t-on pris dès longtemps l'habitude d'y mettre un ton d'une seule teinte, — ainsi les fonds verts du xvie siècle — et, du xviie jusqu'à nos jours, une teinte neutre, une espèce de pénombre chaude pour servir de repoussoir et mettre en valeur, où l'on accumule dans les angles supérieurs l'obscurité pour la diminuer en allant vers la tête, qui se trouve ainsi comme dans une espèce d'auréole à la maîtrise de laquelle l'œil obéit, même quand il s'en aperçoit. M. Bonnat n'a pas fait autre chose; mais dans un grand portrait le fond a une bien autre importance et on le voit tout autour du personnage. Cela même paraît d'autant plus que Mme Pasca appuie la main gauche sur le dossier d'une de ces petites chaises dorées, de ces petites chaises inquiétantes sur lesquelles il peut être imprudent de s'asseoir sans précautions et qui accusent absolument, d'abord une période de la mode, mais surtout la condition d'une chambre. Il serait absurde de demander au peintre de détailler des parois comme un commissaire-priseur; avec une plinthe ou une bordure perdue dans la couleur et par laquelle, sans marquer pour cela, le tapis aurait été séparé de la muraille ou plutôt de la tenture, cette manière de mettre un modèle en quelque sorte dans un milieu inconnu eut été évitée, et l'artiste aurait tout aussi facilement pu avoir le même ton et par conséquent le même effet. Mais ceci, qui est une observation générale encore plutôt que particulière, est peu de chose quand on voit la vie et la grandeur de cette belle œuvre.

Mme Pasca, tournée vers la droite, est debout, de la façon la plus simple, sans aucun mouvement; elle est comme arrêtée et immobile, et son visage, encadré de cheveux très-noirs et plats, avec seulement deux frisons sur la tempe droite, est aussi parfaitement calme. La robe, entièrement blanche et bordée de castor noir, mais sans recherches d'autres agréments, est une robe à la russe ou à la grecque, avec une ceinture un peu haute et de longues manches, fendues à l'épaule et pendantes, qui laissent les bras entièrement nus. Ces manches sont doublées d'une étoffe de soie légère et brillante, tandis que la robe est d'étoffe de soie mate en gros grain de Tours, qui ferait plus de plis malgré son épaisseur et ne tomberait pas aussi droite et en cloche si elle n'était certainement soutenue par une doublure très-épaisse. Évidemment le peintre s'est préoccupé de rester dans une très-grande simplicité pour lutter franchement et bien en face avec la lumière, et la renvoyer en quelque sorte tout entière sans se perdre dans les accidents des cassures de l'étoffe et sans avoir d'accrocs brillantés. La traîne seule a nécessairement quelques plis, mais très-sobres, et onduleux plutôt qu'anguleux à cause de la résistance de la doublure. De près comme de loin, l'effet du dessin et de la couleur est irrésistible.

Avec un autre, il y aurait eu à craindre que la tête ne disparût à côté de cet éclat. Mais il n'en est rien, contrairement à la croyance de beaucoup de gens qui pensent que les brunes ne doivent pas porter de couleurs claires. Sans parler des négresses, qui ont la passion des couleurs voyantes et même criantes, le contraste du blanc et d'une peau brune éclaire celle-ci et la fait valoir. J'ai connu dans ma jeunesse une personne aussi brune qu'on peut l'être de cheveux et de peau; elle n'allait jamais au bal qu'en robe de gaze blanche, sans fleurs, ni rubans, et elle avait ainsi un éclat singulier, qu'aucune autre couleur ne lui donnait. Ce souvenir bien oublié m'est revenu en face du tableau et m'a fait mieux comprendre combien l'apparente imprudence du peintre était au contraire fondée sur un vrai sentiment de la nature et sur la certitude raisonnée de ne pas manquer son effet. La tête donc a toute sa valeur, et, après avoir été pris par le grand aspect général, on s'y arrête et l'on reste à considérer cette tête impassible et un peu énigmatique, qui ne se livre ni facilement, ni souvent, mais qui peut aussi bien s'éclairer du sourire et de la joie, comme éclater en mépris ou en douleurs. Là, l'expression, dont l'habitude a pu d'abord être volontaire, n'est qu'un peu froide, bien près d'être hautaine et comme sur ses gardes. Ce n'est aucun des rôles de l'artiste; c'est la personne même, avec le grand air un peu déconcertant de l'honnête femme et de la femme comme il faut. De toutes façons c'est une belle œuvre qui durera, et la *Gazette,* par la gravure de M. Flameng, se fera honneur d'en répandre et surtout d'en assurer le souvenir.

Après M. Bonnat, les portraits dont on parle le plus sont ceux de M. Carolus Duran. Il est inutile de rappeler le portrait en pied, si fin et si distingué, de la femme du peintre et celui plus retentissant de Mme Feydeau soulevant une portière de tapisserie. Depuis, l'artiste a pris une manière plus prompte, plus large en un sens, mais il n'a pas fait mieux. En avant d'un rideau bleu violacé d'un ton superbe, Mme Cahen, blonde et vêtue de noir, est assise dans le fond d'un fauteuil de damas jaune à dessins noirs et à bras dorés. Il y aurait peut-être quelque chose à dire au bras gauche, qui ne paraît qu'au travers d'un châle ou d'un mantelet de dentelle noire, mais l'ensemble est très-beau, très-vibrant, et le paraîtrait encore plus si le portrait de Mme de Pourtalès exposé l'année dernière n'avait déjà donné la même note, et des portraits, surtout des portraits de femme, ne devraient jamais se ressembler. Je préfère pour ma part le portrait de Mlle Sabine devant un rideau d'un rouge clair, avec son chapeau à bord relevé et piqué d'une grosse cocarde, et avec son petit justaucorps gris sur une robe violette. Elle tient par le collier un grand chien qui s'en ira quand il voudra, mais on voit qu'elle est habituée à en faire ce qui lui plaît. Cela est très-vivant et très-personnel.

Les enfants ont du reste du bonheur au palais des Champs-Élysées. Rien de plus joli et de plus ferme dans sa grâce que le bébé de M. Brion, qu'on vient d'habiller pour le baptême. Il est là, posé pour un instant sur un grand fauteuil, déjà grandelet, les yeux bien ouverts et de la meilleure humeur du monde, ses tout petits cheveux blonds perdus dans son petit bonnet de dentelle d'or et le corps recouvert d'une tabaïeule de soie à dessins piqués ; l'exécution de ce morceau de blanc, sans petitesses, sans escamotages et sans tuer ni la tête ni les petites mains ouvertes, est d'une douceur et d'un brillant singuliers. Les accessoires, les deux flûtes d'une musette posée sur le dos du fauteuil, et, sur une table voisine, le plateau de cristal à pied avec les dragées, sont à leur plan et ne tirent pas l'œil. C'est une œuvre très-délicate, que ne faisaient pas prévoir les paysanneries de M. Brion, et plus d'une jeune mère en enviera bien justement la possession ; mais je ne conseillerais à personne d'aller proposer de l'acheter à celle pour laquelle elle a été peinte.

Puisque je n'ai encore parlé que de portraits de coloristes, je suivrai dans le même sens en arrivant au portrait de femme de M. Jacques Leman, qui est peint très-largement et avec une grande franchise. La femme, assise de face et tenant à la main un gant de Suède, est vêtue d'une robe de velours bleu foncé et d'un pardessus fermé en velours noir, bordé d'une fourrure rousse et agrémenté de jais. Le fond de la tapisserie, où parmi les autres arabesques est un terme dont la gaîne se voit au travers d'une sorte de pôt-à-feu découpé à jour, comme il y en a dans les gravures de Ducerceau, est bien à son plan, quoique très-ferme, et les étoffes sont d'une exécution aussi sûre que large et bien enlevée.

Les cuirasses de jais, qu'on vient de reprendre aux raies et aux ramages des pourpoints et des corsages flamands et espagnols de la fin du xvi⁰ siè- cle, jouent un grand rôle dans les portraits comme dans la toilette, et nos peintres les font à ravir. C'était même une chose amusante, dans ces deux premiers jours où l'opinion se fait avant les critiques écrites et après les- quels personne ne découvre plus rien parce que tout a été trouvé, — c'était, dis-je, une chose amusante que de voir se promener, marcher et regarder, vivre en un mot, entre ces portraits qui étaient ou pouvaient être les leurs, les types et les toilettes des femmes dont les artistes avaient peint les analogues. Rien n'était plus instructif aussi bien que charmant, et ne montrait mieux leur sincérité à la fois et leur adresse.

Citons encore, parmi ceux qui ont fait prédominer la couleur, les por-

traits par M. Blanchard de Mme de Montagnac, aussi en soie blanche avec
de la fourrure noire, et un éventail chinois à la main ; la tête caracté-
ristique de Mme Galli-Marié par M. Delaunay ; le portrait plutôt bizarre de
Mme Sarah Bernhardt par M. Parrot, — pourquoi ne l'a-t-il pas habillée
de son costume oriental qu'elle portait dans le rôle de Mlle Aïssé et qui
lui allait si bien? — un vigoureux portrait de Mme Pauline Viardot par
un jeune Russe, M. Harlamoff, où après la tête il faut remarquer sur le
cou l'heureux arrangement des bijoux reliés par des chaînes, qui forment
à la fois plastron et collier ; enfin par M. Henner, une simple tête de
femme, de face, avec des cheveux encore noirs, étude et souvenir plutôt que tableau, mais d'une touche très-franche et du premier coup, et
en même temps d'une expression si droite, si bonne et si honnête, qu'on
se prend à l'estimer sans la connaître.

Je n'ai pas encore parlé d'une autre série de portraits de femmes
dont je ne dirai pas que la couleur soit absente, mais où la recherche de la ligne nette, de l'élégance précise et correcte, du dessin
minutieux et serré de tous les détails, le besoin du poli de l'exécution
l'emportent sur la préoccupation de l'effet pittoresque, du jeu de l'ombre
et de la lumière, et sur le fondu de l'empâtement. Le grand portrait, par
M. Delaunay, de Mme Talabot, dont la robe jaune décolletée se découpe sur
un fond bleu clair, est l'un des plus importants dans cette donnée. M. Cot,
qui a eu pour modèles deux blondes à désespérer celles qui le sont le
plus, est moins solennel, et ses deux portraits sont fins, légers et du
meilleur monde ; il n'y a pas encore de sécheresse, mais elle pourrait bien
finir par venir s'il n'y prenait garde. L'une, la marquise d'Hervey de Saint-
Denis, appuyée sur le dos d'une chaise, est en robe de velours bleu très-
clair pour accompagner les blancheurs nacrées des bras et de la poitrine,
dont elle n'est séparée que par une étroite bordure de fourrure. L'autre,
Mlle Heine, en costume de jour et dont les petits cheveux du front sont
rabattus et coupés droits au-dessus des yeux, *à la chien,* me dit une
grande petite amie qui prétend qu'il n'y a au monde que cette coiffure-
là qui lui aille, est vêtue d'un corsage noir sur une robe légère de soie
blanche lamée d'argent.

En mettant à côté, par la pensée, la belle personne qu'a peinte
M. Giacomotti, on ne saurait avoir de contraste plus complet. En avant
d'un fond très-clair, Mme G. Z... est debout, les mains simplement
jointes, un nœud bleu dans ses cheveux du noir le plus brillant, en robe
de velours noir montante, à manches de soie noire bouillonnées. La pureté
et le grand air de la tête, des yeux et de la bouche, un peu dédaigneuse,
ont été rendus par le peintre avec un vrai sentiment du style.

Il y en aurait bien d'autres à citer, mais l'espace me force à ne faire qu'indiquer, sans prétendre les nommer tous : celui, par M. Émile Lévy, de la comtesse d'E. Saint-L..., assise et tenant un éventail, avec une robe coupée en carré, devant une tenture de soie bleue du Japon avec des vols de cigognes blanches; — par M. Cabanel, le portrait de la comtesse de G..., assise et vue de face, en robe décolletée de velours noir bordé de bleu; — par M. Maignan, le portrait de Mme G. D..., son gant à la main, en robe montante, avec un toquet blanc et une cravate jaune clair, sur un beau fond de tapisserie; — par M. Dubufe, le buste de Mme A. A..., en corsage de laine rouge et appuyant les bras sur un coussin sur lequel est un petit bouquet de violettes; — par M. Stéphen Jacob, le très-joli portrait de Mme Gravier, assise, avec un manteau doublé de fourrure sur les épaules; — le portrait, par M. Loubet, de Mme B..., en robe de velours noir garni de jais, avec un nœud rouge dans les cheveux, sur un fond de tenture à ramages; — par M. Piot-Normand, qui avait l'année dernière le portrait de Mme Judic en noir, celui de Mme A. Pesly, debout et boutonnant son gant; la robe montante, à larges raies vertes et grises, est d'une précision qu'on ne pousserait pas plus loin sans arriver à la dureté, mais qui reste ici d'une justesse et d'une élégance parfaites.

L'un des portraits les plus fins et les plus élégants, par M. Jacques Rizo, est celui de Mlle R..., qu'à ses beaux yeux l'on pourrait croire grecque comme le peintre, et l'on fera bien d'aller découvrir dans le couloir du côté du bord de l'eau un grand dessin très-pur de M. Rizo, d'après la tête de cette charmante personne, où l'on retrouve la même grâce et la même pureté fine des traits. Dans le portrait peint, elle est en robe de soie noire montante avec des manches d'un mauve violacé, une jolie toilette et du meilleur goût.

C'est aussi un portrait bien délicat que celui de Mlle L..., debout, en robe noire très-simple, avec un tour de col et un nœud bleu clair, qui se détache, non pas sur une tenture, mais sur un fond de soie jaune. La pièce de soie sur laquelle se profilait la *Salomé* de Regnault avait plus de hardiesse, mais il ne faudrait pas affirmer que son imitation, tournée à la douceur, n'ait été le point de départ de celle-ci. L'effet, du reste, en est charmant. L'auteur, Mlle Berthe Delorme, avait au Salon de 1874 un premier portrait dont je regrette de n'avoir pas gardé le souvenir en face de celui-ci, qui est d'une jeunesse et d'une distinction parfaites. Un père ou un frère ne pourrait pas désirer pour sa fille ou pour sa sœur un autre portrait que celui-là.

On le voit, les portraits féminins, et je pourrais encore en citer d'autres, sont vraiment la partie capitale du Salon, et les femmes, de même qu'un peu dans la vie, y ont le pas et la meilleure part. Par contre, il y a lieu d'être beaucoup plus bref sur les portraits d'hommes. Dans une histoire du portrait, si nombreux que soient les beaux portraits de femmes, comme ils se conservent moins et que le plus souvent ils perdent leur nom, même quand ces noms resteraient intéressants, les beaux portraits d'hommes l'emporteraient, même de beaucoup.

Il y en a moins que d'ordinaire à ce Salon, et le peu qui s'y trouve n'est pas de nature à lutter contre le triomphe incontesté des portraits de femmes.

Quand j'aurai cité au premier rang l'excellent portrait de M. Fantin-Latour, où M. Edwards assis, à longue barbe grisonnante et bien supérieur à la femme qui est debout à côté de lui, regarde une gravure avec un naturel et une intensité d'attention bien remarquables; — puis le portrait en pied, par M. Feyen-Perrin, du général Billot, où l'habitude militaire est saisie de la tête aux pieds; — celui par M. Armand Dumarescq, de M. Cuching, Ministre des États-Unis à Madrid; — celui du docteur Guéneau de Mussey, par M. Constant; — le portrait en largeur, par M. Paul Mathey, d'un homme qui aime ses aises et qui est assis très-modernement, ou plutôt à moitié couché à l'américaine sur un divan le long d'un mur; — le portrait en buste, par Mlle Nélie Jacquemart, du marquis de la R..., député, ancien commandant des mobiles de la Loire-Inférieure; il est d'une heureuse simplicité qui le rend supérieur au portrait, par la même artiste, de Mme D..., vêtue d'un corsage de gaze à fleurs d'argent qui ne se détache pas assez sur le fond jaune; — le buste de l'amiral Jaurès, par M. Vidal; — celui, par M. Henner, de M. Picard, l'ancien avoué de la Ville, qui est criant de ressemblance; — celui de M. Bonnat, par lui-même, bien qu'un peu grenu, et qui plus tard se perdra dans le noir; — celui, par M. Ribot, de M. Van de Kerkove Vanden Broeck, dont le masque martelé, pour être plein de vie, n'en est pas moins par trop peint avec du plâtre et de la suie, — je serai bien près d'avoir fini. Il ne me restera qu'à parler du portrait d'homme de M. Bastien Lepage, dont on a fort remarqué aussi un petit portrait de première communiante en robe blanche, très-naïf et très-sincère, mais en même temps d'une exécution d'esquisse un peu trop sommaire. Ce portrait assis de M. Hayem est peut-être le meilleur portrait d'homme du Salon au point de vue de la vie; le modèle est pris sur le vif dans cette pose familière et brusquement aisée des gens qui manient de grosses affaires et qui sont toujours pressés.

Les grands portraits d'hommes de M. Lievin de Winne sont à ne pas omettre. On se rappelle son beau portrait du roi des Belges, exposé en 1863; ses œuvres continuent à être remarquables par leur valeur de conscience dans le dessin, de justesse dans la simplicité de l'arrangement et de chaude harmonie dans la couleur. Cette année, ses portraits d'hommes sont même les seuls qui soient véritablement dans le sens du style.

On a pu s'étonner que, contrairement aux habitudes, j'aie commencé par les portraits et que je leur aie donné une si grande place; mais, devant leur importance exceptionnelle et devant la façon dont le bataillon des portraitistes a pris cette fois la corde et est arrivé en tête, j'ai dû constater le fait et insister par là même sur ce que je n'ai pas été le seul à remarquer.

Il n'y a là d'ailleurs rien qui doive nous surprendre et qui ne soit dans le tempérament habituel de notre race de peintres. Depuis les miniaturistes du xve siècle, dont toutes les têtes sont copiées sur la nature, depuis Jean Fouquet, le peintre du roi Charles VII, il y a toujours eu une suite ininterrompue de portraitistes français très-élevés et très-habiles. J'ajouterai qu'il y a même là une espérance, car des portraits de cette valeur sont œuvre de vrai peintre, capable de compositions et de tableaux, et les artistes dont nous venons de parler en ont déjà donné la preuve.

III

Le tableau qui, au Salon, témoigne de l'effort le plus élevé et de la visée la plus haute, ce qu'il faut d'autant plus reconnaître que la moyenne descend au-dessous de l'intelligence ou de l'esprit pour n'être que matérielle, indifférente, ou même grossière, c'est la grande composition de M. Merson. Son dernier tableau, ce Christ étrange qui se détachait à moitié de sa croix hiératique, produisait un effet bizarre, mais le mouvement violent de la sainte, moins affolé de terreur que de passion et d'extase, avait de l'invention et du caractère. Cette année, le *Sacrifice à la Patrie,* plus pondéré et plus composé, est une œuvre moins incomplète. En avant des degrés d'un temple s'élève l'autel de la Patrie, sur lequel, la tête pendante et dans la rigidité de la mort, est couché le cadavre d'un jeune homme. A son côté, la Gloire, qui doit aussi se souvenir du vaincu, sonne d'une trompette, et le mot spes de l'enseigne antique jetée à terre rappelle qu'il ne faut jamais désespérer de l'avenir. Mais qu'importe à qui a tout perdu, qu'importe à celle qui ne veut pas être consolée, qu'importe à la mère, eût-elle envoyé elle-même l'enfant à la bataille! Elle est là agenouillée, à côté du corps inanimé qu'elle a porté, qu'elle a nourri, qu'elle a élevé, qui ne peut plus la voir ni l'entendre et que dans quelques heures la terre va lui arracher une seconde fois. Dans le spasme

et dans les cris de sa douleur, elle étreint des deux mains de ses bras
jetés en l'air sa tête qui se renverse. La pitié de la Religion, qui la regarde
et qui sait que le temps seul lui apportera un peu d'apaisement, ne peut
la toucher; elle ne peut avoir qu'une pensée, celle inscrite sur le cartel
porté par l'enfant nu qui descend les marches, que « la Guerre est haïe
des mères ». L'idée, l'ensemble ont une valeur incontestable, mais
peut-être l'exécution n'est-elle pas aussi une qu'on pourrait le désirer. La mère est dans le sentiment moderne; la Religion pourrait avoir
plus d'accent; le génie, qui porte l'inscription : BELLA MATRIBUS DETESTATA,
se sent du XVIᵉ siècle italien, et la Gloire, avec sa petite tête, sa longue
trompette droite et l'enflure contournée des plis trop agités de ses vêtements, vient directement du maniérisme de Goltzius. Le tronc du laurier
déraciné qui gît sur le sol est trop gros; une branche coupée aurait suffi
et aurait même été mieux dans le sentiment général. Mais, malgré ces
remarques, il n'en faut pas moins tenir le tableau de M. Merson pour le
meilleur qu'il y ait cette année dans le rang du grand art.

Il serait injuste d'oublier son *Saint Michel*. Son parti de coloration
mate y est naturel puisque ce n'est pas un tableau, mais un carton de
tapisserie, et sous ce rapport il est heureux. Malgré la silhouette du mont
Saint-Michel « au péril de la mer » qui se profile dans le fond, avec sa longue
lance banderolée, il rappellerait plutôt un saint Georges, et les quatre
S. G. des médaillons angulaires ont été interprétés ainsi plus d'une fois,
alors qu'en réalité ils se rapportent à l'église pour laquelle la tapisserie
doit être faite, sainte Geneviève du Panthéon. Mais il y a là une difficulté
en quelque sorte inévitable; si on ne ressemble à Raphaël, on le copie;
si on ne le copie pas, son œuvre vient toujours se placer entre le peintre
et le spectateur, et quel moyen de sortir vainqueur d'une lutte avec
cet archange!

S'il fallait juger de la valeur absolue par l'énormité des dimensions,
il n'y aurait pas au Salon d'œuvre aussi importante que la composition
de M. Becker. C'est un sujet étrange, presque inconnu, quoiqu'il soit dans
le chapitre XXI du second livre des *Rois,* une de ces atroces barbaries
comme on n'en rencontre que trop dans l'histoire juive, et qu'il vau-
drait mieux y laisser sans les raviver et les faire revivre par la précision
de la forme plastique. Saül est mort, nous dit la Bible; une famine se
déclare qui dure trois années, et les Gabaonites, à qui Saül avait fait la
guerre, s'adressent à David qui, sur l'ordre d'un prophète, leur livre sept
ou huit des enfants de la race de Saül pour les offrir à la colère du Sei-
gneur, deux fils de Respha, fille d'Aïol, et cinq fils de Michol, fille de
Saül, qu'ils crucifièrent sur le haut d'une montagne. C'est le sujet choisi

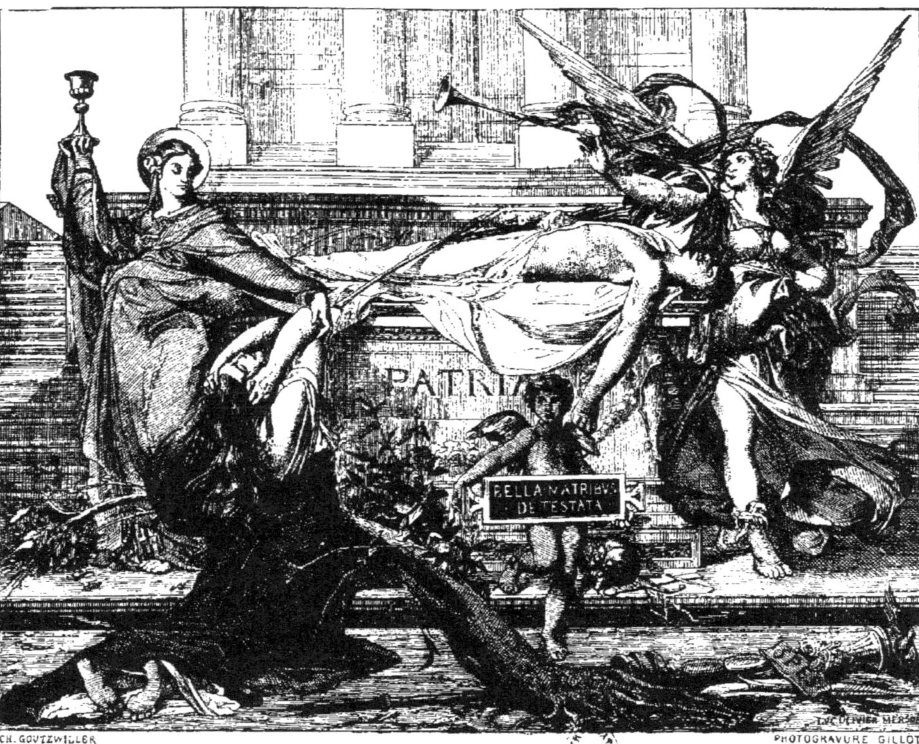

LE SACRIFICE A LA PATRIE.

Tableau de M. Luc-Olivier Merson.

par **M. Becker**. Respha, l'une des deux mères, s'assied sur une pierre pour les regarder et les défendre depuis le commencement de la moisson jusqu'aux grandes pluies, « jusqu'à ce que les eaux du ciel tombassent sur eux », et pendant ce temps elle empêcha les oiseaux de venir s'abattre sur eux pendant le jour, et les bêtes fauves de les déchirer pendant la nuit.

M. Becker a représenté Respha debout et menaçant d'un bâton un vautour, qui n'a pourtant qu'à se poser sur les épaules des cadavres pour les déchiqueter à son aise, sans que Respha puisse l'atteindre, puisqu'ils sont cloués au-dessus d'elle sur la traverse d'un gibet énorme. Il y a donc dans la composition deux parties très-distinctes et presque sans liaison : en bas, Respha et le vautour, en haut les sept corps des enfants de Saül. Elle est forte, violente, un peu commune et théâtrale de type et de pose, et je ne sais s'il n'aurait pas mieux valu, dans ce sujet uniquement pittoresque, — car il est aussi difficile de s'intéresser de si loin aux victimes que de souffrir de l'infâme barbarie des Gabaonites, — montrer Respha écartant les fauves plutôt que de la montrer aux prises avec ce grand oiseau qui n'a pas à en avoir peur et qui pourrait, en fondant sur elle sans aucun danger pour lui, avoir du premier coup raison de tout son héroïsme maternel. Ce n'est pas là où est le mérite du tableau; il est tout à fait en dehors du sujet lui-même, dans le dessin fin et serré, dans l'élégance juvénile de ces beaux corps de jeunes garçons. Ce sont des études de nu à la fois sévères et heureuses. Il y a donc là beaucoup de talent, même une puissance de volonté et de travail qu'il faut reconnaître. L'auteur a mérité qu'on le regarde, même qu'on le loue, mais, s'il fallait peindre tous les sujets connus ou inconnus dans cette dimension gigantesque, il n'y aurait pas de palais, pas d'édifices, pas de ville, pas de pays qui eussent assez de place pour pouvoir conserver et montrer une suite et une série de toiles de cette taille. Aucun lieu n'est assez grand, je ne dis pas pour l'encadrer dans un ensemble architectural, mais même pour la recevoir et la conserver; ce n'est qu'un tableau de genre, mais Gulliver ne l'aurait pu trouver que dans le pays des géants de Brodingnac. Il y a là une disproportion énorme entre l'effort et le résultat. Le peintre a frappé fort au lieu de frapper juste, et pourtant la force et le talent sont incontestables. Seulement, si l'artiste continuait dans cette voie d'exagération volontaire, il aurait certainement le sort de ces chanteurs qui croient qu'il faut crier, et qui n'arrivent qu'à chanter faux et à se casser la voix.

Les tableaux de M. Bouguereau sont certainement ce qu'il a exposé de plus remarquable depuis plusieurs années, et il est heureux de voir, au premier rang, des œuvres consciencieuses, dont le sentiment élevé est

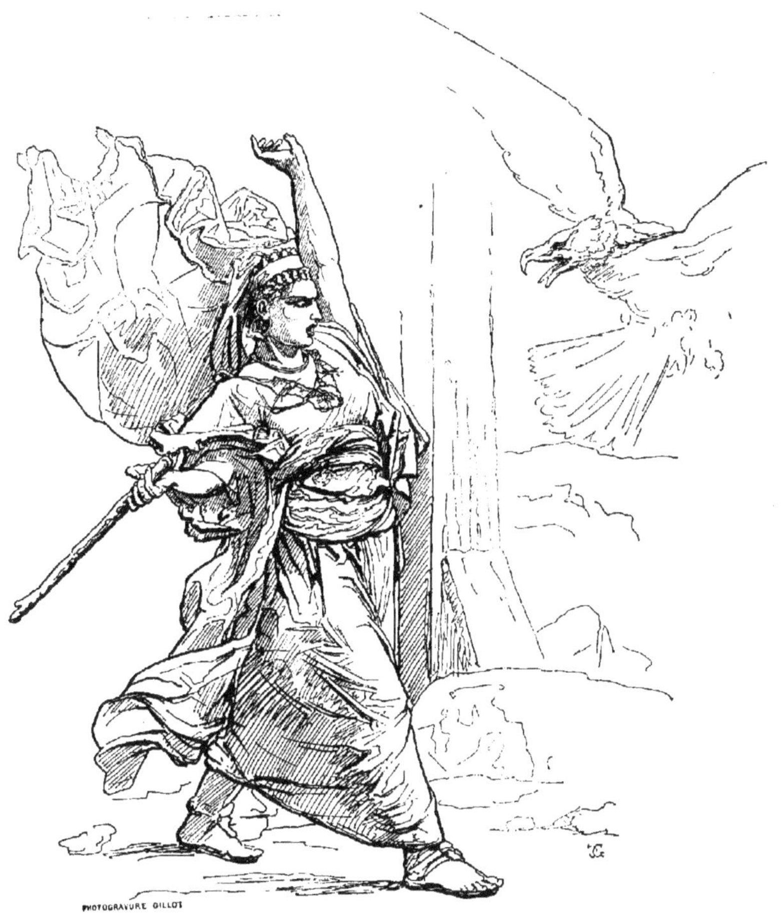

RESPHA

Figure principale du tableau de M. Becker.

exprimé par une main, non pas seulement habile mais savante et, grâce au travail antérieur, à l'étude et à l'expérience laborieuse, maîtresse de la sûreté des lignes comme de celle des formes.

Des trois tableaux de M. Bouguereau, malgré de rares qualités de dessin, ce n'est pas *Flore et Zéphire* que je préfère. La forme ronde fait éminemment partie d'une décoration; quand elle n'est pas dans un panneau architectural ou dans un plafond, — et la composition ne plafonne pas, — la forme ronde est rarement heureuse pour le tableau, qui s'établit toujours mieux dans les lignes fermes et arrêtées du carré. De plus les figures sont ici un peu au-dessous de la nature, et, si l'on pense à celles, relativement rares, que l'on connaît dans cette dimension, on verra qu'elle apporte presque toujours avec elle le sentiment de quelque chose d'incomplet. Ce parti est plus fréquent dans la sculpture que dans la peinture, et là aussi il ne se présente pas sans donner à l'œil et à la pensée de celui qui regarde une sorte d'indécision et d'inquiétude. Au contraire la grandeur naturelle n'en donne aucune, et les figures réduites à la moitié de la nature et au-dessous n'en donnent pas davantage; c'est une réduction qui s'admet naturellement, tandis que la petite nature qui n'est plus la vérité, en reste trop près et n'arrive pas à être, ce qui est nécessaire à une convention, une convention franche et nettement accusée. D'un autre côté, si le Zéphire, qui passe dans l'air en effleurant la déesse des fleurs d'un rapide baiser, est d'un mouvement heureux, la Flore est moins compréhensible. Elle dort, et l'on doit penser qu'il vient de la soulever à demi; mais, quelques instants auparavant, de quelle façon était-elle couchée? Comment retombera-t-elle si elle ne se réveille pas, et, si elle se réveille, comment se lèvera-t-elle? Autant de questions auxquelles je ne suis pas, je crois, le seul qui aurait peine à répondre.

Quant à la *Baigneuse au bord de la mer*, c'est, avec la *Chloé* de M. J. Lefebvre, la meilleure figure du Salon. Le haut du corps penché et ne portant que sur une jambe, elle s'appuie du bras gauche sur un rocher pendant que sa main droite retire le fragment de coquillage ou le caillou de la grève qui vient de blesser son pied délicat. L'eurythmie du contour général, les lignes contrastées de ce mouvement, nullement extraordinaire mais qui avait besoin d'être bien pondéré et qui, s'il ne peut être conservé longtemps, peut au moins être assez tenu et assez durable pour que·le peintre ait pu le choisir et l'immobiliser sans invraisemblance, sont des plus heureuses. Les formes déjà pleines restent fermes, élégantes et souples; la couleur blonde et ambrée donne à ce beau corps la chaleur de la vie sans donner un autre sentiment que le plaisir de l'admiration. Ce n'est plus une étude, c'est une figure, un vrai tableau dont on se souviendra,

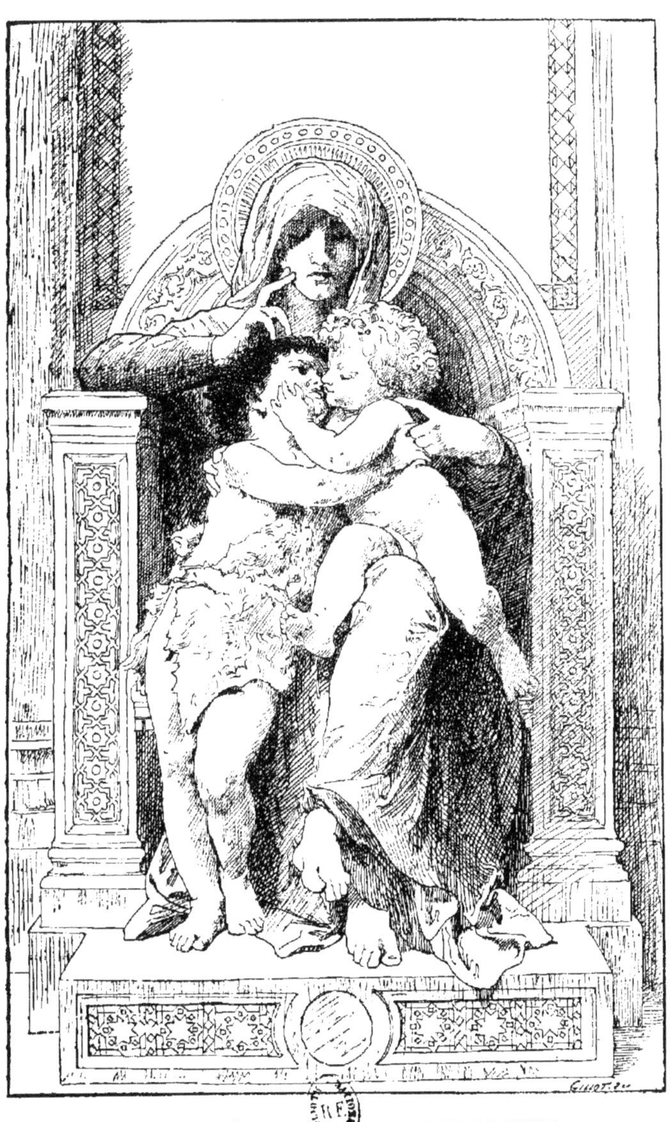

LA VIERGE, L'ENFANT-JÉSUS ET SAINT JEAN-BAPTISTE.

Dessin de M. Bouguereau, d'après son tableau.

et le burin d'un graveur sûr et élégant se ferait grand honneur de repro-
duire, sans rien perdre de leur netteté, les puretés de ces lignes et les
élégances légères du modelé.

Pourtant la *Vierge* du même peintre est encore supérieure ; ce n'est
plus une figure, c'est une composition. Elle est assise dans un trône de
marbre blanc, dont les montants élevés sont ornés de bandes de mosaïques
géométriques en verroteries de couleurs dans le goût italien, et surtout
florentin, de la fin du xve au commencement du xvie siècle. D'un geste
charmant l'enfant Jésus, assis sur ses genoux, embrasse la tête du petit
saint Jean-Baptiste appuyé contre elle. Ce mouvement, à la fois naïf et un
peu compliqué, comme il arrive si souvent aux mouvements instinctifs de
l'enfance accomplis aussitôt que désirés et sans attendre le raisonnement,
est d'une grâce très-pénétrante parce qu'il est aussi inattendu qu'il est
naturel. En même temps qu'on en doit reconnaître l'invention distinguée,
il faut aussi faire remarquer la sûreté du dessin qui ne se dément et ne
se dérobe nulle part, la finesse des attaches et des extrémités, des pieds
surtout qui, comme les mains, sont la pierre de touche du dessinateur.
Personne aujourd'hui ne dessine aussi bien que M. Bouguereau. Il a beaucoup étudié, il a beaucoup travaillé, mais sous ce rapport il sait ; sa
main lui obéit toujours sans exagération comme sans défaillance, et cette
science du beau dessin, qui ne peut être niée ou méprisée que par l'inca-
pacité ou l'ignorance, est une qualité de premier ordre.

J'ajouterai un mot sur la couleur de l'œuvre. On a pu reprocher à
M. Bouguereau de peindre parfois d'une façon inconsistante, un peu creuse
et même diaphane. Sans viser à la vigueur, la peinture est ici moins
molle et n'a plus rien de savonneux. Il faut même faire remarquer une
chose, c'est que le soin de M. Bouguereau n'exclut pas chez lui la facilité.
Il exécute avec une rapidité extrême, du premier coup et sans plus de
retouches que les plus prestes improvisateurs. Il en résulte une bien
réelle qualité, c'est que sa peinture, qui n'a pas de dessous contradictoires,
se suit et se tient avec autant de simplicité que de sincérité. Rien n'y
repoussera, et elle ne se modifiera que d'ensemble et de la même façon.
Par là, lorsque le temps aura passé sur elle, elle achèvera de prendre une
patine bien égale qui, en l'émaillant sur toute sa surface, sans avoir les
surprises et les troubles des couleurs reprises, superposées et fatiguées,
peut venir donner à la peinture une intensité plus grande, une harmonie
plus ferme et plus de sonorité dans l'accent, — ce qui du reste s'était
produit dans le tableau des « *Joies maternelles* » qu'on vient de revoir à
la vente de M. Marcotte de Quivières.

Avec M. Bouguereau, dans un sens un peu différent et qui n'est

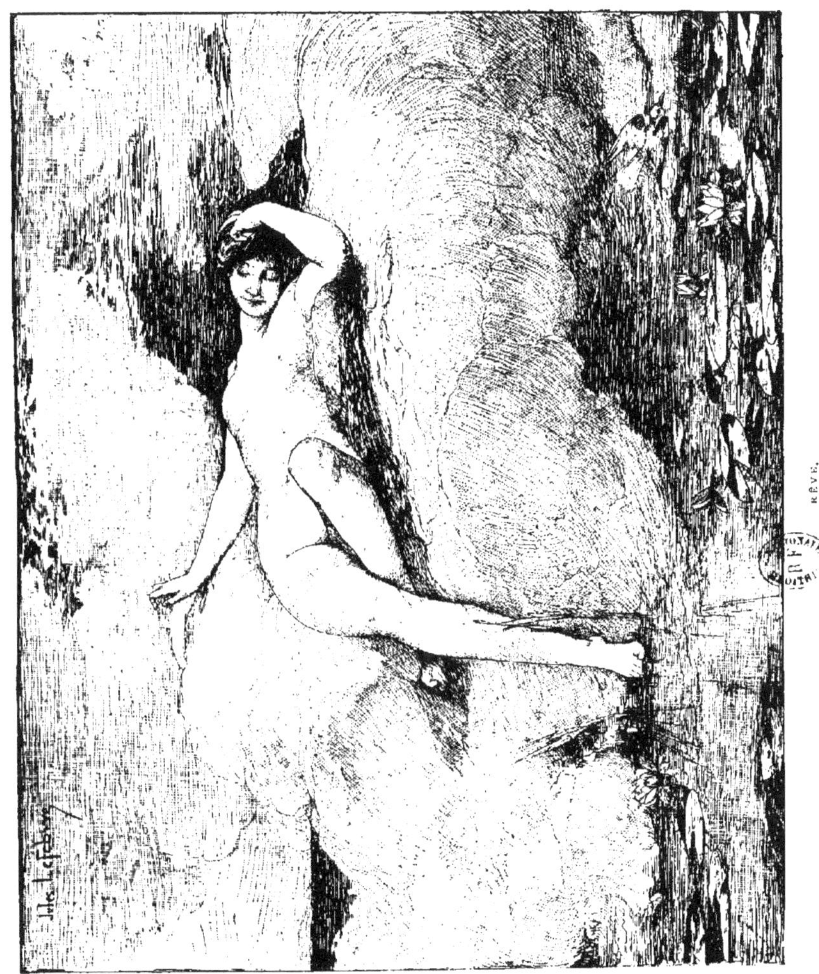

RÊVE.

Croquis de M. J. Lefebvre, d'après son tableau

pas moins distingué, mais qui est plus vivant, plus souple, dont le sentiment poétique est plus léger et plus moderne à la fois, moins classique et
plus personnel, il faut citer aussi M. J. Lefebvre comme le véritable honneur
de ce Salon, que caractérisera le souvenir de leurs œuvres. C'est un talent à
la fois ferme et délicat que celui de M. Lefebvre. Il est inutile de rappeler sa belle figure couchée de femme nue, du Salon de 1868, que possède
M. Alexandre Dumas fils, et dont la couleur est, me dit-on, plus belle
encore, plus harmonieuse, plus fondue qu'elle ne l'était au premier jour.
C'était un éclatant début. Depuis, malgré les qualités du dessin et de la
couleur, il aurait été possible de faire quelques réserves, sur les sujets
d'ailleurs plus que sur la peinture. La *Vérité* était une robuste et saine
figure, mais il était au moins inutile de l'enfouir au fond de son puits;
la *Cigale* était charmante d'exécution, mais il était pénible de voir cette
grâce, brune comme la Sulamite que le soleil avait regardée, serrer ses
membres nus et grelotter le long d'une muraille; le thème du titre nui-
sait aux qualités du tableau. Cette fois il n'y a pas de semblable critique
à faire; la *Chloé* est heureusement le motif simple, mais éternellement
exquis, de la beauté jeune dans sa première éclosion, et le *Rêve*, qui est
plus un sujet, qui a plus d'imagination et de poésie que tout ce qu'a
peint M. Lefebvre, qui n'est d'aucune façon une copie de la nature et du
modèle, même interprété, qui est absolument une création idéale et
l'une des plus difficiles puisque c'est une chose sentie et non pas une
chose vue, puisque le peintre cherche à y traduire ce qui en soi est
vague et incertain, ce qu'on ne peut qu'indiquer légèrement sans le pré-
ciser, ce qu'on ne doit pas serrer de peur de le fausser et de le rendre
méconnaissable, le *Rêve*, dis-je, et la *Chloé* mettent M. Lefebvre à une
place et à un rang qu'il n'avait pas encore atteints.

Le *Rêve*, c'est la blonde et blanche apparition, où l'on sent la langueur
de l'évanouissement où elle va se perdre, d'une femme nue couchée sur
un nuage flottant. Elle sommeille et s'abandonne, un des bras replié,
l'une des jambes en quelque sorte arc-boutée sur le nuage, — et ce mouvement, que j'ai entendu critiquer, est au contraire très-juste parce que
dans sa bizarrerie apparente il assure le calme et le repos de la figure
qui sans cela glisserait et tomberait, — l'autre jambe pendante et, sans
la sentir, atteignant du bout de son pied la muette surface de l'onde tranquille, constellée des calmes et froides blancheurs de quelques fleurs d
nénuphar. Dans le ciel, le bleu de l'éther voilé ne fait que transparaître
faiblement au travers des mailles desserrées et inégales du brouillard, qui
s'éparpille et s'élève lentement. Tout est indécis et léger, mais avec un sentiment de grâce et de douceur, d'un charme silencieux vraiment indicible.

Étrange chose que la mémoire. Non pas devant le tableau, mais après l'avoir quitté, il m'est revenu, avec une précision singulière, un souvenir, qui m'a peut-être rendu plus sensible à la poésie de ce sujet. Nous étions partis avant le jour et rentrions à Poitiers par la route qui domine les bords du Clain. Le ciel pâlissait à l'approche du soleil, et l'étroite vallée de la rivière était pleine d'un long brouillard, qui changeait à chaque minute de place et de forme. Tantôt il comblait les fonds comme d'un lac épais de neige moutonneuse, dont certaines parties s'éclairaient de pâles miroitements; tantôt, laissant apparaître par place les rives et l'eau qui semblait immobile, il s'élevait en lanières ou en lentes spirales comme des fumées emportées vers le ciel; tantôt il marchait comme les bêtes d'un troupeau, courait affolé en se déchirant contre tout ce qu'il rencontrait, s'épaississait comme de la ouate, laissait découper en franges bizarres ses bords qui finissaient par s'émietter, s'écrasait en rasant la terre, ou roulait en se recourbant comme une vague. Par moments un arbre semblait enveloppé par lui comme d'un voile de gaze sous lequel il disparaissait; ailleurs une cime feuillue se dressait isolée au centre d'une île blanchissante, qui le quittait pour aller un peu plus loin perdre le tronc d'un autre arbre au milieu de sa brume voyageuse. Ici c'étaient des flocons épars, là des masses arrondies, ailleurs un réseau flottant, au milieu duquel l'œil suivait dans ses détours le ruban, également large et ininterrompu, qui marquait les méandres du cours du fleuve endormi. Souvent nous nous arrêtions sans parler pour mieux suivre les changements merveilleux et inattendus de toutes ces vapeurs, auxquelles un peu de vent donnait à chaque instant de nouvelles apparences, jusqu'au moment où tout s'évanouit, comme au coup de la baguette d'un enchanteur, devant la montée rapide du soleil jaillissant de l'horizon. Je ne sais si je me trompe, mais le peintre a dû un jour être inopinément saisi par un de ces spectacles magiques dont la nature est si prodigue, et, non pas au moment même, mais à son souvenir inspirateur, voir apparaître la figure, par laquelle il a rendu la poésie du rêve léger qui disparaît au matin.

Quant à sa *Chloé*, ce n'est ni celle de Longus, ni une Grecque de Cnide ou de Corinthe; ce n'est pas une évocation, mais une femme vivante, une femme moderne, poétisée au souvenir de l'Antiquité, la *Chloé* d'André Chénier, et, par cela même, le poëte, qui sur des pensers nouveaux faisait des vers antiques, est le vrai patron de cette pure figure, dont le mouvement traduit bien la pensée de la jeune amante :

> Il visite souvent vos paisibles rivages.
> Souvent j'écoute, et l'air, qui gémit dans vos bois,
> A mon oreille au loin vient apporter sa voix.

Chloé est debout, le bras droit replié sur sa hanche, le gauche orné d'un anneau d'or, et la main s'appuie sur une tunique bleue, jetée sur un rocher à côté du tronc mince d'un laurier-rose en fleur. Ses cheveux noirs, relevés à la nuque et qui ont été tordus par elle et rassemblés sur sa tête en une masse souple et un peu lâche, de l'effet le plus naturel et le plus charmant, font valoir la blancheur immaculée de ce beau corps. Le mouvement de la tête, tournée du côté où elle espère entendre la voix de Mnazile qui la troublerait si elle lui parlait, est d'une grande justesse. Dans la nette immobilité de son arrêt on sent la jeunesse et la vivacité du mouvement qui a précédé; il fait penser à l'attention de la gazelle ou de la biche, dont un bruit vient de frapper l'oreille et qui s'arrête en dressant la tête avec une grâce rapide qui s'immobilise un moment. Rien de plus heureux que la ligne générale de l'harmonieux contour, que rien ne vient interrompre et dont la mélodie se prolonge sans se terminer. Un grand mérite qu'il faut remarquer, c'est que toutes les parties se tiennent bien entre elles et se correspondent dans un rapport parfait. Tout est jeune et de la même jeunesse; la finesse des poignets et des chevilles, la minceur du mollet encore un peu haut, la virginité de la poitrine, même la gracilité du haut des bras et la légère étroitesse des épaules; c'est bien l'élégance précise et chaste qui précède la plénitude de la beauté, dont elle est la première fleur.

En général, les femmes ne s'arrêtent pas volontiers aux tableaux qui représentent une femme nue, surtout quand c'est une figure isolée; si elles regardent, elles passent et ne disent rien. Il semble qu'elles veuillent se défendre d'admirer et qu'il y ait là pour elles quelque chose qui les trouble et les inquiète, en leur donnant instinctivement et vaguement lieu de craindre pour elles-mêmes la pensée de leur nudité personnelle. Ici la fraîcheur de ce printemps trouve grâce devant elles, et j'en ai vu plus d'une s'y arrêter longuement, y revenir même, pour en jouir davantage et en conserver la mémoire. Je ne connais pas pour le peintre d'éloge plus précieux, et il doit y être plus sensible qu'à aucun autre.

Après ces œuvres, qui resteront les plus importantes, je parlerai plus rapidement d'autres ouvrages, dignes aussi d'être regardés et de laisser une trace dans le souvenir.

M. Ferrier a envoyé de Rome un *Enlèvement de Ganymède*. Jupiter, sous la forme d'un grand aigle, est descendu sur les pentes de l'Ida et remonte à l'Olympe en y transportant le fils de Tros et de Callirhoé pour le mettre à la place d'Hébé et l'y doter de l'immortalité divine. Le jeune homme, encore endormi et à côté duquel pend son carquois, est à demi couché, appuyé qu'il est sur le haut de l'aile du céleste ravisseur, tan-

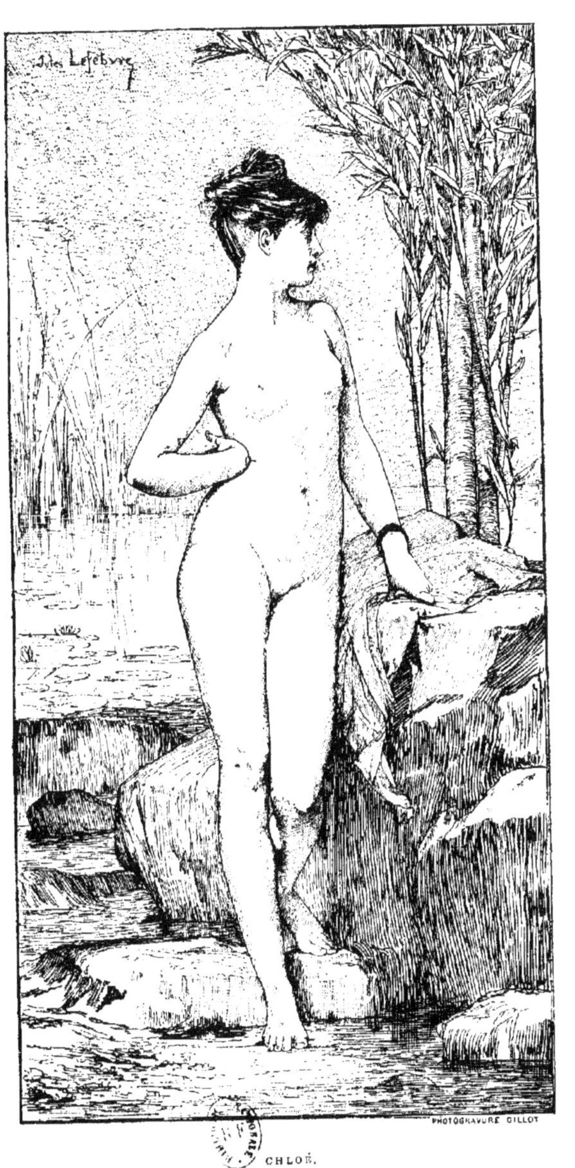

CHLOÉ.

Dessin de M. J. Lefebvre, d'après son tableau.

dis que, de l'autre côté, l'une des pattes, passée sous la cuisse du dormeur, en soutient le corps d'une façon naturelle. Le sommeil de Ganymède est une idée heureuse, parce qu'il permet de laisser à son mouvement le calme abandonné si favorable à la beauté des lignes, et qu'il dispense de toute expression violente d'effroi ou de surprise, que Rembrandt a traduite d'une si plaisante manière. L'heureux sentiment du corps entièrement nu du jeune homme, et surtout l'agencement si difficile des lignes de ce groupe aérien méritent le succès que M. Ferrier a obtenu. Il faut seulement se souvenir que l'idée première se retrouve dans l'une des tapisseries du xviᵉ siècle, connues à Paris par les curieuses photographies de M. J. Laurent, conservées au palais de Madrid où elles sont désignées sous le titre de *Suite des Poésies*. La ressemblance avec cette tapisserie, d'une invention charmante mais pauvre et sèche de dessin, est trop frappante pour être fortuite, et M. Ferrier a du reste modifié certains détails avec un goût véritable; le changement de la position de la patte de l'aigle, qui dans la tapisserie est non pas sous, mais sur la cuisse, qu'elle peut blesser de ses griffes, en est un et des plus heureux. Rien de plus légitime d'ailleurs que ces emprunts d'un motif, repris avec un nouveau dessin et une nouvelle valeur. Raphaël lui-même n'a-t-il pas copié plus d'un personnage dans les fresques de Masaccio, à Florence? Poussin, David, bien d'autres encore, ont mis à contribution les bas-reliefs des sarcophages aussi bien que les statues antiques, et M. Ingres a tiré des intailles plus d'une grande figure. M. Ferrier a donc en toute raison de prendre son bien où il le trouvait et de renouveler avec une grâce supérieure l'œuvre oubliée et incomplète du peintre inconnu. Il l'a fait avec assez de talent pour donner l'espérance d'œuvres plus complétement originales.

Parmi les sujets un peu cherchés, et peut-être trop délicats, figure un tableau de M. Ehrmann, le *Passage de Vénus sur le Soleil*. Ne croyez pas à une planche d'astronomie, traversée de lignes géométriques. Le buste impassible de Phœbus, encadré de nuages jaunissants, se voit au fond, et devant lui la déesse Vénus passe dans l'air enflammé en se préservant de ses rayons avec un voile qui s'arrondit au-dessus de sa tête. Le mouvement de la figure féminine est élégant, mais le tableau est trop petit. Il aurait fallu, pour développer la grâce de ce vol aérien, la grandeur naturelle, qu'au dernier Salon M. Machard avait si heureusement donnée à sa figure nue de la blanche Sélénè passant dans le ciel étoilé et se servant du croissant de la lune comme d'un arc, pour y ajuster et, grâce à sa mince courbure, lancer contre l'éther ses flèches argentines. Ici, dans la rapide indication du croquis où la dimension n'existe plus, l'œil et

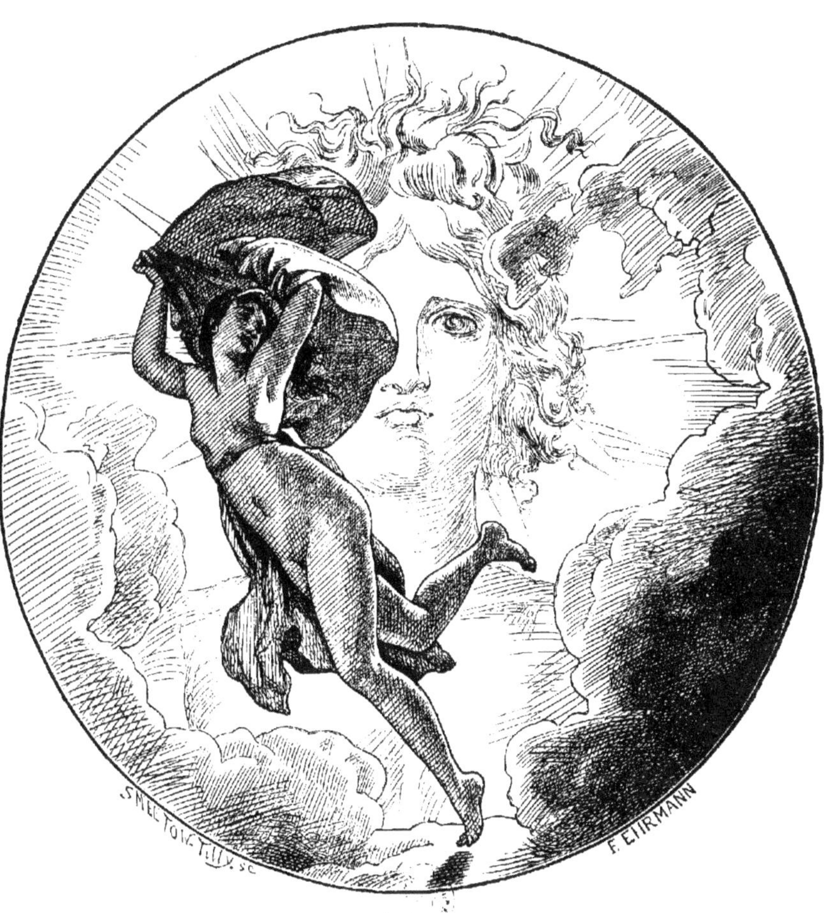

LE PASSAGE DE VÉNUS DEVANT LE SOLEIL

Dessin de M. Ehrmann, d'après son tableau.

l'esprit voient mieux la figure à la taille véritable de la femme et de la déesse.

M. Maillart a représenté Thétis donnant à son fils Achille le glaive, forgé par Vulcain, avec lequel il vengera Patrocle. Gérard, dans une composition bien connue, avait montré la fille de Nérée s'avançant sur la mer dans un char entouré de tritons et de naïades. C'est sur la terre que M. Maillart a mis sa scène ; Achille est agenouillé, et la déesse aérienne, grande et longue comme une apparition, est descendue des cieux pour lui mettre le glaive dans la main. L'heureuse et très-habile eau-forte de M. Maillart, d'un beau style dans sa légèreté, montre du reste le parti du mouvement avec une justesse qu'aucune description ne saurait atteindre. Un autre tableau de M. Maillart met en scène une belle idée, celle du poëte, maître et dispensateur de l'immortalité, sous la figure d'Homère versant à boire à Achille. La composition n'a aucune analogie avec l'admirable tableau du Poussin, dans le goût de ses frontispices de Virgile et d'Horace gravés par Mellan pour les éditions de l'Imprimerie royale, mais incomparablement supérieur comme jet et comme force, qui est conservé dans la galerie du Collège de Dulwich, en Angleterre. Bacchus, nu et assis, verse à un poëte, à genoux devant lui, les bras étendus, et qui présente ses lèvres presque avec avidité, l'ivresse de l'inspiration. Quand on connaît cette vigoureuse création, une idée aussi analogue la fait aussitôt revivre avec force sous les yeux du souvenir, et le vieux Normand est un terrible adversaire. Ajoutons, pour réparer un oubli, que M. Maillart a aussi un bon portrait de femme âgée, Mme Paterson, habillée de noir, d'un grande simplicité et d'une belle tournure.

Je regrette de ne pas pouvoir louer pleinement les toiles de M. Puvis de Chavannes. Je ne ferai pas à la composition, qu'on a spirituellement appelée l'apothéose de Théophile Gautier et qui représente Radegonde écoutant, dans le cloître de Sainte-Croix de Poitiers, la lecture d'un poëte, sans doute Fortunat, le reproche que l'architecture du cloître soit déjà toute romane parce qu'il n'existe pas de monuments mérovingiens du vi^e siècle ; mais on ne peut s'empêcher de dire que le meilleur, et toujours encore à l'état d'indication et d'intention, se compose des religieuses qui tirent de l'eau du puits du préau, de celles qui transplantent des fleurs, de celles qui passent au fond dans le deambulatorium ; vraiment, si l'auteur peint trop peu, il ne dessine non plus pas assez. Dans les œuvres de l'art, l'intelligence et l'idée ne se peuvent exprimer, ne peuvent même subsister, que si elles sont soutenues sinon par la complète beauté, au moins par la justesse de la forme.

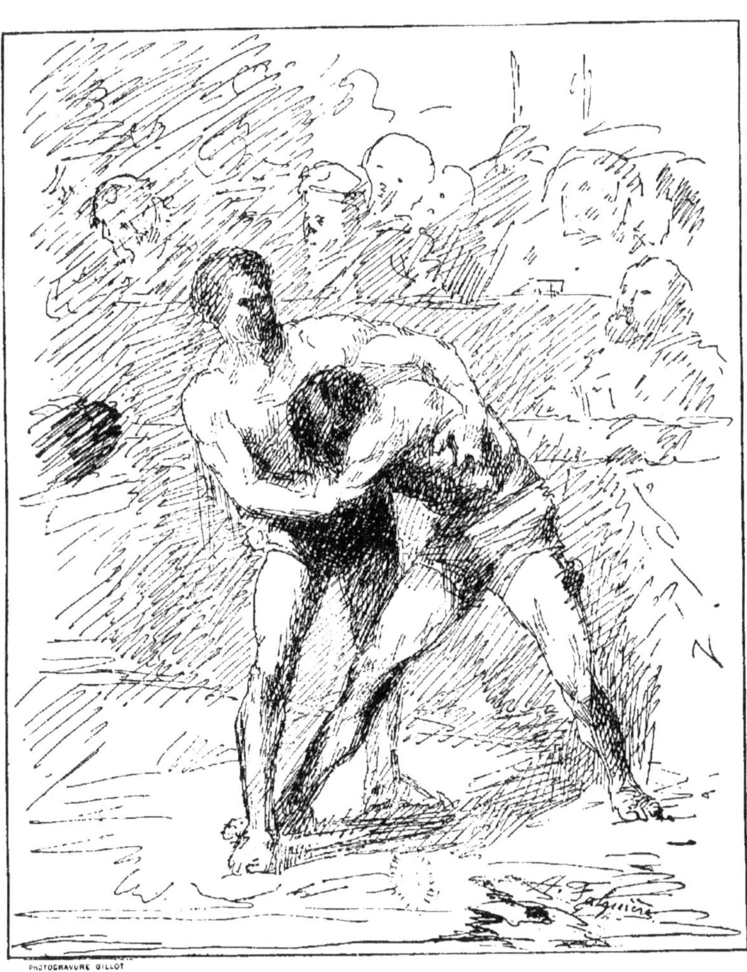

LUTTEURS.

Croquis de M. A. Falguière, d'après son tableau.

On parle beaucoup plus du tableau de M. Falguière. Sa qualité de sculpteur y est certainement pour quelque chose, mais l'œuvre ne manque pas de vigueur. En somme, c'est une grande ébauche, poussée dans certaines parties, mais arrêtée volontairement pour ne pas perdre les bonheurs et les hasards de la première verve. En avant des banquettes d'un cirque qui n'a rien d'antique, et où sont éparpillés des spectateurs en paletot et le cigare aux lèvres, les deux lutteurs se tiennent et s'efforcent l'un contre l'autre. Dût-on me traiter de classique, ce qui est, paraît-il, une grande injure, deux lutteurs grecs ou romains, dont la nudité donnerait le même motif de lignes et de formes, me seraient plus agréables que ce terrible Marseillais et ce non moins invincible Savoyard. Dans leur exécution sommaire, qui se souvient parfois, notamment dans les têtes, des noirs actuels de la peinture de Géricault, les deux lutteurs ont de la vie et de la force; le groupe est bien campé, et ils sont à leur affaire. On le peut voir dans le dessin de l'artiste et, comme j'aime beaucoup les dessins parce qu'ils donnent le fonds même et par là quelquefois le meilleur de ce que l'artiste a cherché, j'avoue que le croquis de M. Falguière me donne autant que le tableau, plus même, parce qu'il me dispense des têtes grossières, des banquettes crasseuses et des odeurs échauffées; il a en même temps moins de réalités et plus de style.

M. Fernand Cormon nous entraînera bien loin du cirque forain de M. Falguière; il a choisi, comme M. Becker, un sujet peu connu, et sur lequel l'article même du livret ne dit rien à trop de gens. Certes l'Inde a été un des pays de la poésie, et, sans aller jusqu'aux épopées mythiques, les traductions de la *Reconnaissance de Sacountala* et du *Nuage voyageur* sont de ces choses exquises et parfaites que tout le monde doit connaître, mais le Ramayana n'a pas la marque de poésie universelle et la qualité humaine générale, qui sont si merveilleuses dans Kalidasa. Je n'aurais qu'à tirer quelques livres pour parler longuement du roi Ravana, car ce n'est pas seulement le roi de Ceylan. C'est un Dieu, un géant à dix têtes, assez fort et assez hardi pour lutter contre Siva, et qui ne put être tué que par la main divine de Vichnou. M. Cormon, et en cela il n'a pas eu tort, car il n'aurait fait que de l'archéologie étrange et incompréhensible pour des yeux européens, a supprimé ses dix têtes, l'a réduit à n'être qu'un roi dont les femmes retrouvent le corps sur le champ de bataille où il est tombé. Ce n'est plus que Harold sur la plaine d'Hastings ou Charles le Téméraire dans la neige de Nancy, mais ici l'étrangeté et la fantaisie des costumes laissent encore une préoccupation de bizarrerie qui empêche de s'intéresser suffisamment à la scène. Il y a là du reste un compromis adroit entre le sentiment de Delacroix et celui d'Ary Scheffer,

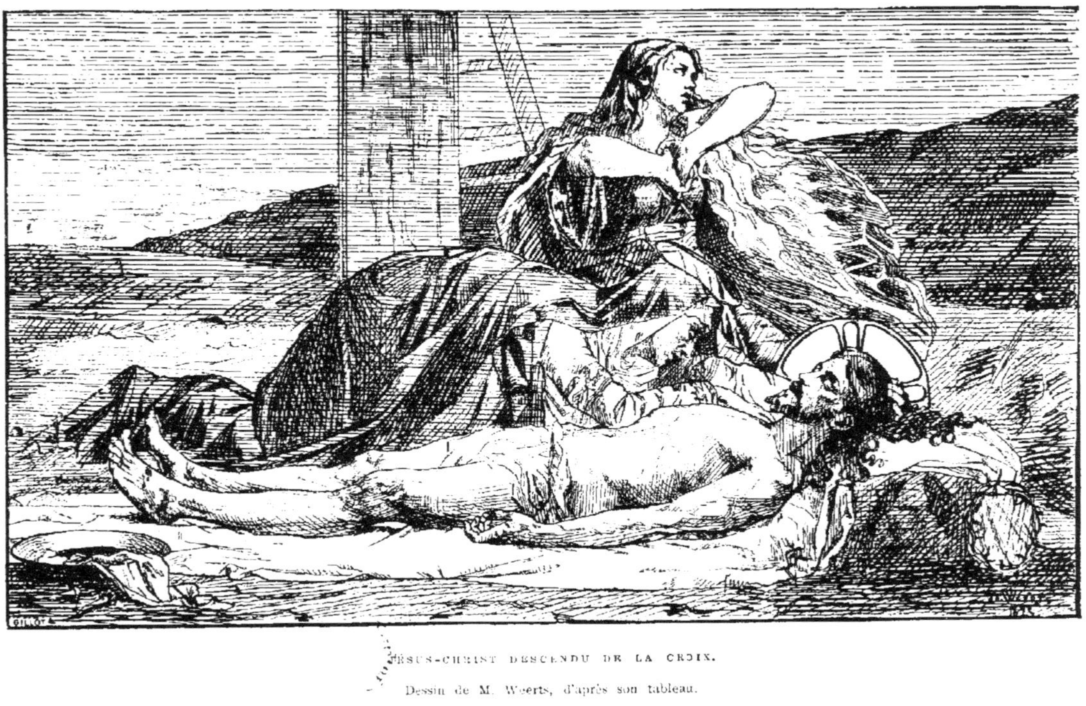

JÉSUS-CHRIST DESCENDU DE LA CROIX.

Dessin de M. Weerts, d'après son tableau.

avec quelque chose de personnel qui mérite qu'on s'y arrête. M. Cormon
pourtant fera bien de se souvenir que dans les arts les idées les plus
simples et les plus claires sont les plus belles; ce sont celles-là qui sont
comprises, qui laissent trace dans le souvenir et les seules qui peuvent
durer. M. Cormon trouvera d'ailleurs de sublimes exemples de cette simplicité à Rome, où l'envoie le grand prix du Salon, par lequel le jury
vient de récompenser la visée généreuse de son effort.

Sauf la *Vierge* de M. Bouguereau, je n'ai pas encore parlé de sujets
religieux. Le plus grand nombre est très-mauvais; d'autres, comme on dit,
sont traités d'une façon honnête, mais sans caractère, sans valeur d'invention et sans vrai mérite d'exécution. Je citerai cependant le Christ que
M. Humbert a attaché à la colonne de marbre d'un coin de bâtiment dans
le style très-riche du XVIe siècle italien. Il rappelle, sans la faire oublier,
sa *Vierge* de l'année dernière; le fond du ciel à gauche a volontairement cet émail verdissant que la patine des années donne seule au bleu
des anciens tableaux; l'étroite étoffe blanche du langouti est d'une apparence trop plâtreuse, et le roux des cheveux pourrait avoir plus d'accent,
mais la figure est bien posée, et il y a dans le dessin du nu des morceaux savamment exécutés, notamment dans la poitrine. M. Weerts, un
Flamand de France, a représenté le Christ descendu de la croix dans un
grand tableau d'une forme inusitée, car il est tellement en largeur qu'il
doit avoir été conçu pour une place réelle, et il n'était pas facile d'y
arranger une composition de quelques personnages. À droite, le pied de
la croix; au bas, le corps du Christ étendu et la Vierge pâmée à terre,
vêtue d'une robe vert sombre avec quelques dorures au bas de la
manche; la Madeleine, qui est en arrière, est le troisième personnage.
Sans avoir de ressemblance avec le Christ de Champagne, celui de
M. Weerts est posé aussi simplement, et l'ensemble, un peu sévère, un
peu froid même, ne manque ni de caractère ni de solidité.

Cette année M. Laurens rentre dans le genre. Il semblerait presque
tourner aux tableaux littéraires et, pour une nature aussi peintre, c'est
une voie qui pourrait lui devenir dangereuse. Dans *l'Excommunication,*
le roi Robert et la reine Berthe, assis sur un long siége appliqué au
mur, demeurent muets et consternés; le cierge renversé brûle encore à
terre, et l'on voit au fond, dans la baie d'une porte, les prélats et
l'évêque qui s'éloignent. Mais tout cela, costume et architecture, sent
un peu le théâtre, et l'on ne serait pas très-éloigné de se croire aux
Français ou à l'Opéra dans une pièce montée avec soin. Le décor est,
comme il convient, planté en angle; les prélats, qui sont d'ailleurs trop
petits, ont l'air de rentrer dans la coulisse, et le roi semble attendre

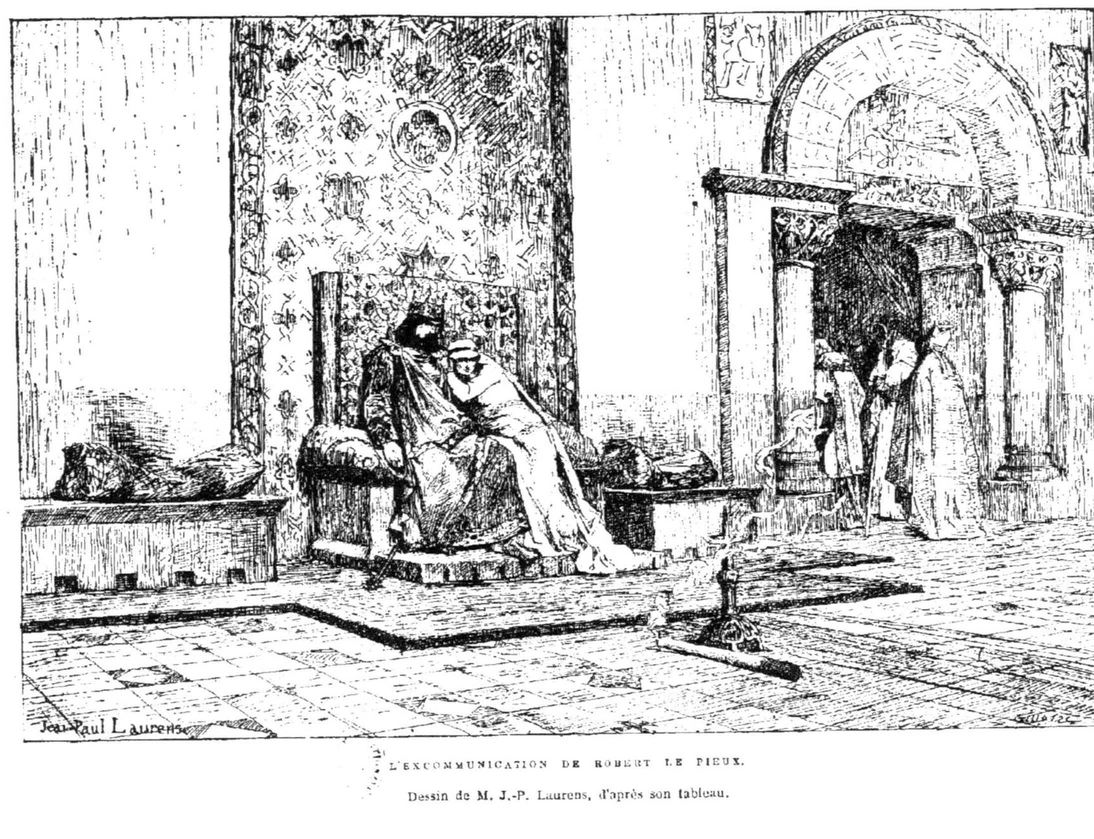

L'EXCOMMUNICATION DE ROBERT LE PIEUX.

Dessin de M. J.-P. Laurens, d'après son tableau.

qu'ils aient disparu pour entamer le monologue ou le duo qui terminera le quatrième acte.

Je préfère de beaucoup *l'Interdit*. La porte de la façade d'une petite
église romane est fermée par des arbres coupés; à gauche le cadavre
d'un homme, entouré d'un linceul serré de bandes noires, est abandonné
à terre; à droite, auprès d'une croix entourée d'un voile noir et dont le
pied disparaît sous des branchages entassés, on voit, déposée sur le sol,
une civière avec le corps d'une jeune fille couronnée de fleurs, dont la
tête est encore appuyée sur le dossier de la civière et dont les mains,
pour rester jointes comme dans la prière, sont tenues par des bandelettes. La couleur, plus pittoresque, s'harmonise bien avec le sujet, mais
celui-ci est encore trop littéraire ; l'effet du tableau, ce qui ne peut être
qu'une exception, est presque tout entier dans ce qui n'y est pas, dans
ce que le spectateur doit savoir d'avance pour être capable de le comprendre et de l'ajouter. Le prononcé de l'excommunication, avec le groupe
des prêtres et ceux des courtisans, la fulmination de l'interdit au milieu
du trouble de la foule des fidèles, eussent été de bien autres sujets et
auraient donné bien davantage. Mais, en rendant d'ailleurs justice aux
qualités que M. Laurens a continué d'y montrer, il faut rappeler qu'il
était impossible à l'artiste de faire pour le Salon des ouvrages matériellement importants, occupé qu'il était par le travail de l'*Apothéose des
Chanceliers* qu'il peint dans la coupole du palais de la Légion d'honneur. C'était un sujet difficile et un travail considérable, dont on dit
grand bien et dont la nouveauté a du être plutôt de nature à exciter
l'ardeur et la passion consciencieuse que M. Laurens a pour son art.

L'année dernière c'était un Polonais, M. Matejko, qui avait peut-
être le tableau le plus important du Salon.

Les envoyés du Czar, apportant à Étienne Bathori le pain et le sel,
étaient trop frappants pour que nos lecteurs ne s'en souviennent pas
comme s'ils les avaient encore sous les yeux. L'ensemble manquait de
sacrifices, et la gamme du jaune clair y montait hardiment presque jusqu'à l'éclat suraigu de la vibration la plus sonore ; mais, malgré le touffu
de la composition, malgré la richesse, surabondante jusqu'à la fatigue,
des étoffes, des armes et des coiffures, il y avait là une puissance toute
personnelle, une marque originale. Rien ne serait plus splendide si
on le traduisait avec toutes les ressources de la tapisserie la plus riche,
sans craindre pour le rendre de s'y servir dans les vêtements de la
splendeur matérielle des fils d'argent et des fils d'or. Cette année
M. Matejko a un sujet analogue, le baptême d'une cloche à Cracovie,
en 1521, devant le roi Sigismond et toute sa cour. Les dimensions

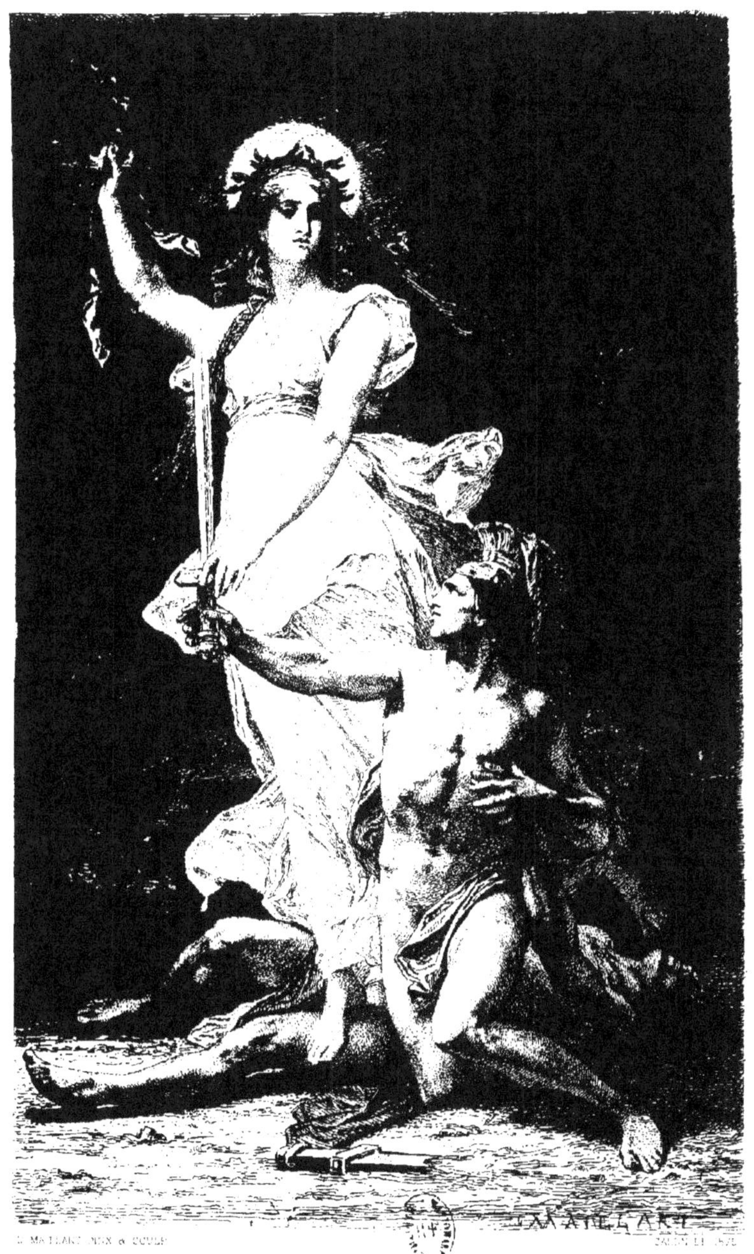

THÉTIS ARME ACHILLE POUR VENGER PATROCLE ET LES GRECS

seules sont différentes, et la petitesse relative de ce très-grand tableau
de genre augmente les défauts plus que les qualités. C'est la même
dominante jaune, la même profusion d'éclat, la même accumulation de
splendeurs, le même enchevêtrement de personnages. Pour voir l'œuvre
à sa vraie dimension, il faut se la figurer grande comme nature et de
la taille de la première. Elle aurait alors sa vraie mesure et sa vraie
valeur, et l'œil saurait mieux où se prendre et où s'arrêter. Quand on la
transpose ainsi en la grandissant par la pensée, on remarque alors tous les
mérites, qui ne se distinguent pas d'abord dans l'égalité du scintillement.
Alors ce ne sont plus seulement des étoffes ; le geste et les têtes se
détachent dans leur variété et leur caractère. Le coin droit du tableau, où
le maître fondeur commande la manœuvre de ses ouvriers, qui soulèvent
de la fosse du moule la grosse cloche de cuivre neuf, brillant comme de
l'or, est, à cause de la nature des vêtements des artisans, plus calme
que le chatoiement endiablé des costumes resplendissants des nobles
spectateurs ; par là même il éblouit moins et retient peut-être plus
longtemps.

Il y a, dans le tempérament de peintre de M. Matejko, du barbare et de l'oriental, avec la violence de fougue d'un prodigue. Il
s'exciterait plutôt que de se retenir, et il est attiré par le trop. Il y a
chez lui un singulier mélange d'archaïsme et de réalisme, de naïveté
brutale et de raffinements bruyants, joint à une préoccupation de types
sauvages, à une recherche, à une profusion d'élégances voyantes, à
une confiance dans les hardiesses entassées, et à la passion de l'étrange
et du frappant ; mais de tout cela il résulte un artiste vigoureux, très-
personnel, auquel il est même impossible de souhaiter certaines qualités
parce qu'elles lui ôteraient les siennes, et celles-là ont surtout besoin de
l'exécution large et rapide des grandes toiles. On s'étonne que dans
celle-ci certains détails, des têtes par exemple, soient touchés avec cette
finesse. C'est une habileté délicate, à laquelle l'artiste peut descendre,
mais sans y demeurer ; elle lui pèse et il retourne bien vite à la recherche
d'une tonalité soutenue sans sacrifices, dont le bruit ne lui fait pas peur
et dans laquelle il trouve une harmonie par l'égalité de l'excès. M. Matejko n'est ni un penseur, ni un compositeur en un certain sens ; c'est
un peintre matériel. mais là c'est un dessinateur et un exécutant très-
vigoureux, dont les mérites sont bien rares.

IV.

Après ces tableaux, plus importants ou plus marquants, il y en a
encore un certain nombre qui rentrent dans ce qu'on peut appeler les
tableaux ou les figures d'étude et de fantaisie.

Le sujet d'*Abel* n'a pas manqué de peintres cette année. M. Bellan-
ger en a fait une bonne étude d'homme nu couché à terre. Le tableau de
M. Ulmann est une composition d'après une bien belle légende arabe,
dans laquelle, pour fuir le remords, le meurtrier emporte toujours plus
loin le cadavre de sa victime; mais bientôt, épuisé de fatigue et d'an-
goisse, il tombe, impuissant à éloigner les oiseaux de proie acharnés à
leur poursuite. M. Bonnat avait débuté en 1861 par un remarquable et
curieux tableau, où, s'inspirant des lignes souples et des élégances
ambrées de l'École Milanaise, il avait représenté Adam et Ève symé-
triquement debout aux côtés du cadavre de leur enfant. On voit qu'il
n'est pas de sujet, si rebattu qu'il paraisse, qui ne puisse être toujours
repris et renouvelé.

M. Lehoux n'a peut-être pas tenu les promesses de son *Saint Laurent*
du dernier Salon. C'était un tableau; le *Samson* n'est qu'une grande
étude. Il rompt ses liens, dit le livret; à coup sûr, car il est en train de
jouer au petit palet avec les Philistins, qu'il envoie en l'air aussi facilement que le ferait un géant; c'est un enchevêtrement où les jambes
dominent trop, mais dont la peinture et le dessin restent vigoureux.

Le Martyre de saint Sébastien est aussi l'un de ces motifs auxquels
on revient et l'on reviendra toujours. M. de Winter a représenté le saint
tombé à terre avec le bras encore attaché à l'arbre ; la pose du corps, qui
se présente en angle, est d'une étrangeté pleine d'accent, qui apporte
à cette étude quelque chose de nouveau et de bien personnel. M. Thirion
a fait une composition dans laquelle une jeune femme hésite à toucher
aux flèches du saint, mort et attaché à une roche; une autre sainte femme
agenouillée complète le groupe.

L'antiquité est naturellement le sujet de nombreux tableaux. M. Ma-
zerolle est l'un des rares peintres qui soient restés fidèles à la mytho-
logie, dans les deux grands panneaux décoratifs, tenus dans une gamme
très-claire, qu'il a peints pour le duc d'Aumale et qui représentent, l'un,
Vulcain donnant à Vénus les armes forgées par Énée, l'autre, Minerve et
Neptune se disputant l'honneur de donner un nom à la ville d'Athènes.
Mais l'histoire Romaine a plus de partisans. M. Glaize nous montre des

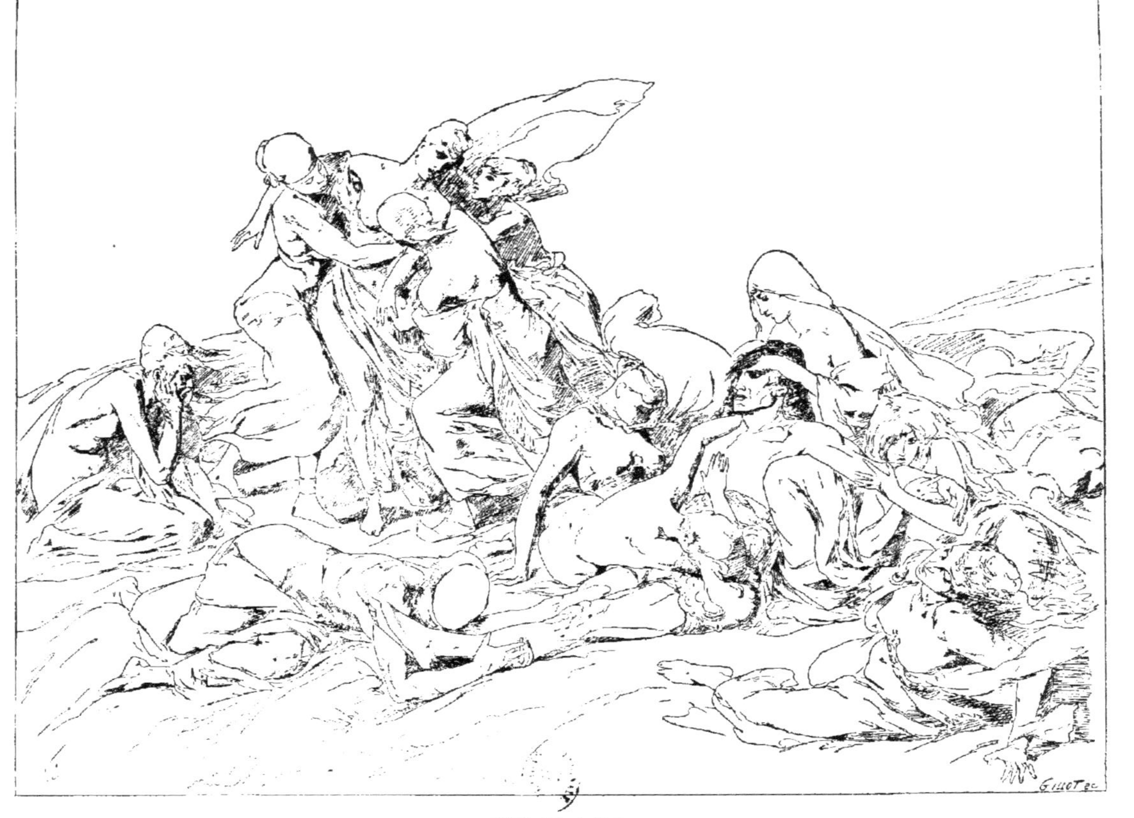

MORT DE RAVANA.

Croquis de M. Cormon, d'après le carton de son tableau.

conjurés buvant, pour se lier par un serment terrible, le sang d'un homme tué par eux; M. Silvestre, une *Mort de Sénèque*, d'une couleur et d'une facture vraiment trop brutales; et M. Zier, Julia, la mère d'Antoine, qui, les bras étendus, d'un geste désespéré et superbe, arrête à l'entrée d'une porte les meurtriers qui, sur l'ordre du Triumvir, venaient pour tuer son frère. M. Clément et M. Penez sont moins tragiques, l'un dans un enfant antique dessinant sur un mur la silhouette de son âne, l'autre dans deux petits gamins Grecs s'essayant à tirer des oiseaux à l'arc, études serrées et délicates.

C'est une figure agréable que la *Lesbie* de M. James Bertrand. Elle est debout, immobile et légèrement appuyée sur un mur à fond rougeâtre relevé de légères arabesques pompéiennes et sur lequel se détache sa longue tunique blanche, qu'elle laisse traîner sur ses pieds. A côté d'elle, sur le marbre d'une petite table ronde, portée sur trois minces pieds de bronze décorés de sphinx assis, est étendu le corps du pauvre petit moineau :

> Las, il est mort ; pleurez-le, damoiselles,
> Le passereau de la jeune Maupas,

comme a traduit Clément Marot. Catulle n'aurait peut-être pas là le tableau de son triclinium, mais M. Armand Barthet y aurait eu certainement celui de sa bibliothèque.

M. Alma-Tadema, ce Hollandais à demi Anglais, le peintre de la curiosité archéologique à outrance et qui par là même est forcé de se renouveler incessamment et d'être toujours en quête de motifs et d'accessoires nouveaux, nous transporte dans l'atelier d'un peintre Romain. Cette fois, comme ce sont des portraits, il y aurait mauvaise grâce à le chicaner sur le capitonnage de l'étoffe qui recouvre le banc où sont assis ses personnages, et sur ce que le coussin, où la jeune femme pose ses pieds, est fait d'un carré de soie Japonaise brodée, qui n'est pas arrivé en Europe depuis bien longtemps. Un peintre de genre Romain, Labeo ou Pyreicus, s'étonnerait probablement à lire les inscriptions et à voir tant de tableaux accrochés à la muraille. Mais, comme c'est du moderne arrangé à l'antique, il n'y a rien à dire, si ce n'est que quelques-uns des personnages ont l'air bien peu faits à leurs vêtements d'emprunt. Ils ne les portent même pas à la façon des acteurs, mais comme des hommes du monde qui viennent de les mettre pour la première fois et qui savent qu'ils ne les remettront plus, si bien qu'ils ne paraissent pas habillés, mais costumés, ce qui n'est pas la même chose. On retrouve, du reste, dans ce tableau toutes les qualités de facture et de coloris qui font de M. Alma-Tadema l'un des praticiens les plus habiles de notre temps.

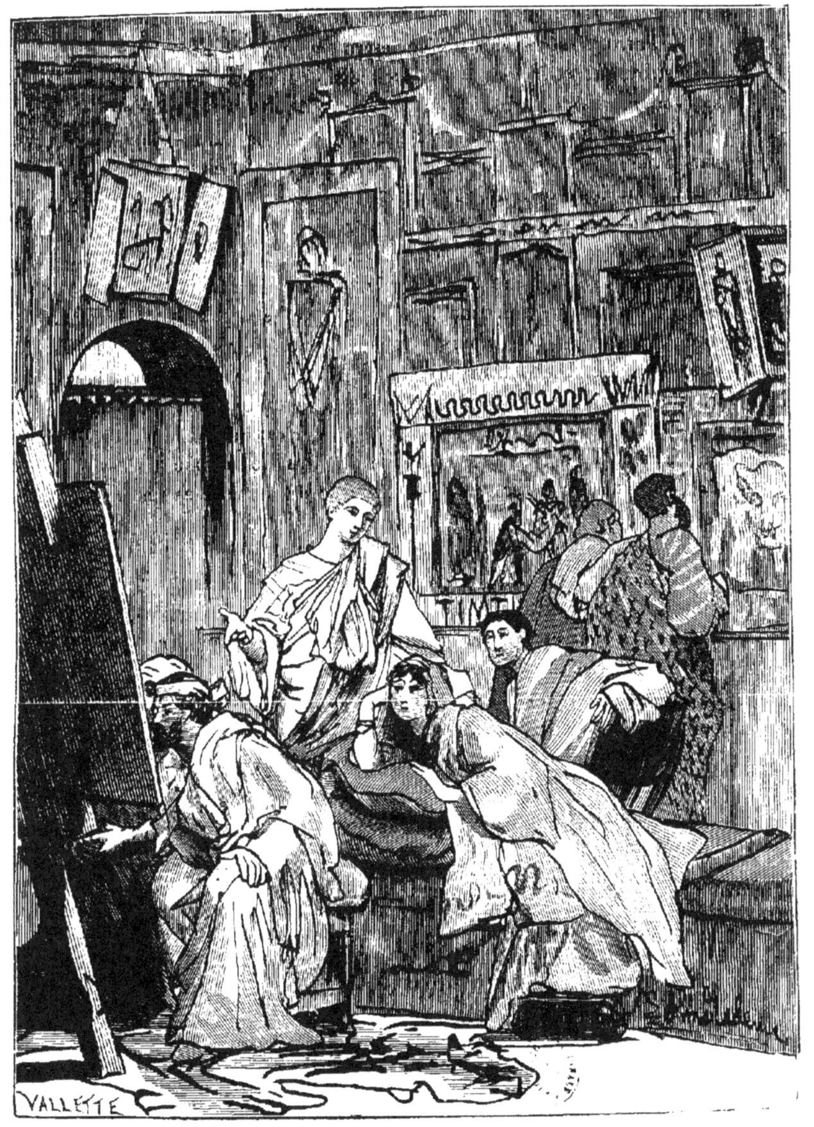

PORTRAITS COMMANDÉS.

Tableau de M. Alma-Tadéma (dessin de l'auteur.)

M. Parrot s'est repris au thème éternellement charmant de la *Source*.
La sienne, qui serait tout à fait couchée si elle ne se dressait un peu sur
son coude, et qui tient une fleur de nénuphar à la main, est une bonne
étude de nu. En la citant, je réparerai l'oubli que j'ai fait d'un portrait
par le même auteur, d'une femme, en demi-buste et en robe rose décolletée, dont les cheveux bruns se détachent sur un fond rouge; il y a
là un heureux souvenir de certains portraits de Prudhon.

Nous retrouvons les grâces blondes de M. Chaplin. *Roses de mai*,
dans laquelle une jeune fille regarde sa poitrine dans un miroir, et *la
Lyre brisée*, où un petit Amour pleure à côté de la pauvre désolée qu'il
consolera bientôt, ont toujours le même clair et léger sourire. Ce ne sont
que lis et que roses, et, malgré la pointe de poudre de riz, il y a là une
fraîcheur et une jeunesse réelles. L'innocence n'y est pas beaucoup plus
naïve que celle des jeunes filles de Greuze; c'est quelque chose d'aussi
fragile que la fleur et la poussière brillantes de la robe du papillon,
d'aussi prêt à s'envoler que l'aile curieuse du jeune oiseau au moment
de quitter le nid; mais il sort de toutes ces blancheurs rosées un charme
et un parfum légers qui ont leur prix.

Est-il besoin de dire que M. Chaplin a son école et ses imitateurs,
dont quelques-uns le serrent de bien près? Le plus habile de tous est
M. Besnard, qui expose un gracieux portrait de femme, costumée en
bergère blanche comme dans une Florianerie contemporaine, M. Besnard
prouve, du reste, qu'il sait peindre d'une autre façon; dans le portrait d'un
jeune garçon, assez jeune pour qu'on n'ait pas encore coupé les longues
boucles de ses cheveux blonds, l'étoffe de la chaise, contre laquelle il
est appuyé et qui offre des raies mauves de deux couleurs, parce que le
brillant satiné des unes s'alterne avec le velours étouffé des autres, est
d'une justesse et d'une franchise bien remarquables.

Malgré leurs titres, les tableaux dont je vais parler sont en réalité de
véritables portraits, comme quelques-uns, d'ailleurs, de ceux que je
viens de rappeler. La *Cortigiana* de M. Blanchard, dont le fond pourrait
être moins sombre, a grand air avec sa robe de velours en fourreau auquel se joint le damas rouge de ses manches. M. Salles a peint une Bre-
tonne de Plouaret, avec sa robe brodée, de ce vert fort et rompu en même
temps qui se retrouve en Orient et dans les lourds tabliers carrés des
Romaines. Quant à la *Rêverie* de M. Gasser, c'est le portrait d'une jeune
femme, plutôt rieuse, en robe blanche étroite du temps du Directoire,
accusé d'ailleurs par le canapé sur lequel elle est assise et par les autres
détails de l'ameublement. C'est un costume un peu antérieur qui est le
motif de la grande figure en pied à laquelle M. Goupil a donné le titre

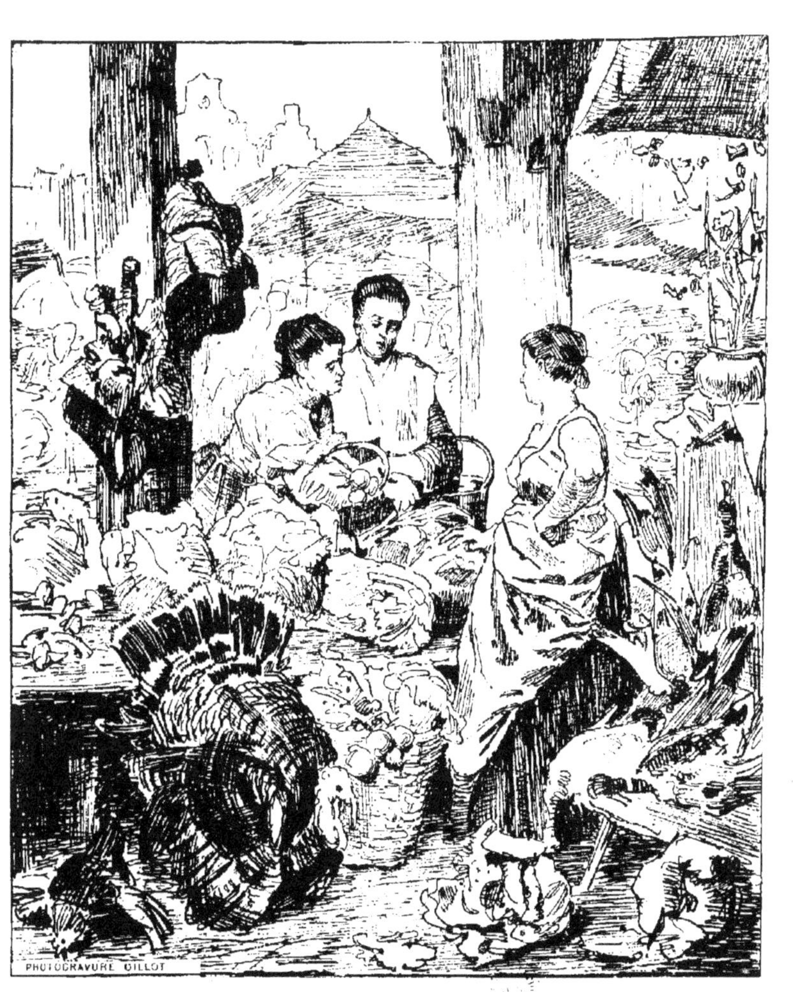

LE MARCHÉ D'ANVERS,

Dessin de M. Pille d'après son tableau.

En 1795, et qu'il a mise sur un fond sombre et neutre sans aucun détail.
La jupe est noire et le corsage d'un rougeâtre sombre et vineux, comme
aussi l'énorme pouf qui l'accompagne par derrière. Le chapeau à
plumes aurait de la peine à être plus large ; le costume est exact, bien dessiné, peint certainement d'après nature, mais froid, raide et comme tout
neuf, sans la vie de ce qui est porté. Le masque est tragique, et il ressort
de l'ensemble, au moins pour moi, une impression de tristesse bien peu
compatible avec les extravagances de la mode qui ont accompagné la réac-
tion thermidorienne. Pendant la Terreur même, et je l'ai entendu dire
bien souvent à des contemporains, à ce moment où personne n'était sûr
d'avoir encore, quelques jours après, sa tête sur les épaules, on riait encore
et on s'amusait beaucoup, même dans les prisons. Mais combien plus
après Thermidor ! Comme Béranger l'a dit de la Régence dans sa chanson
de Mme Grégoire, « la France était folle. » Malgré la coupe extravagante
de la robe et l'exubérance du chapeau, rien de moins fou que la *Merveil-
leuse* de M. Goupil. Il eût été plus juste de se servir de couleurs voyantes,
sans en craindre les batailles, et de donner à la tête plus de gaieté, sans
reculer devant un peu de coquinerie. Les plus honnêtes femmes avaient
alors les yeux hardis et le propos salé ; c'est là le caractère général.
M. Goupil a préféré l'exception, ce qui ne l'empêche pas d'avoir montré
beaucoup de talent dans cette œuvre, dont on se souviendra, et que la
gravure rendra plus vivante et plus réelle, en la restreignant au dessin.

M. Jacquet avait exposé en 1872 une figure d'étude qui avait été
très-remarquée ; c'était une jeune fille, portant une épée et vêtue d'une
robe de velours d'un gris doux, dont la couleur était d'une distinction
charmante. Sa toile de cette année dépasse les espérances que la première
faisait concevoir ; c'est un morceau de peinture auprès duquel bien peu
d'autres toiles du Salon se pourraient mettre. Son titre de *Rêverie* n'est
guère justifié. Avec ces yeux profonds et ces cheveux d'un noir de jais,
la femme peut être tendre, passionnée, gaie, triste, violente, jamais
rêveuse ; si elle était Génoise ou Bolonaise, ce qu'elle n'est pas, un coup
de couteau lui serait aussi naturel qu'un soufflet ; ils seraient aussi vite
partis l'un que l'autre, et sans y penser. Mais il n'importe, et, comme elle
est assez bien peinte pour avoir un nom, je l'appellerais volontiers *la
Femme en rouge.* Elle est assise dans un fauteuil de tapisserie à dossier
droit et élevé, la tête portée sur un de ses bras, et complètement entourée d'une longue robe fendue par devant, qu'elle serre contre le haut de
sa poitrine. Pas une pointe de soulier, pas un bout de linge au col ni de
vêtement de dessous ; le bras est nu dans la manche étroite, si bien qu'elle
semble être nue sous cette robe, qui pourrait aussi bien être celle d'un

Florentin ou d'un Vénitien. Dans sa pose comme dans son geste il semble
que ce soit un modèle, qui, à un moment de repos, ait passé cette robe
comme un peignoir pour couvrir son corps et se soit assise dans ce fauteuil, en s'y pelotonnant un peu avec un léger sentiment de froid. La
tête plongée dans l'ombre pourrait être moins éclipsée par l'avant-bras
nu qui reçoit le coup de la lumière, mais toute la valeur est dans la robe,
dont le rouge franc chante avec un éclat tranquille, et vibre avec une
égalité et une sûreté singulières. On aimerait à revoir, bien isolée au
centre d'un panneau, cette belle étude qui est un tableau, et je sais quelqu'un qui, s'il pouvait emporter ce qui lui plaît le plus au Salon, choi-
sirait sans hésitation le portrait de Mme *Pasca*, la *Chloé* et la *Femme en
rouge*.

<h2 style="text-align:center">V.</h2>

Est-il besoin de dire que les tableaux de genre sont nombreux et
qu'ils se rapportent à toutes les époques? M. Motte, l'auteur du curieux
Cheval de Troie qu'on n'a pas oublié, nous fait descendre dans les pro-
fondeurs de la caverne de la Pythie; mais ce haut trépied au-dessus des
vapeurs sulfureuses étonne plus qu'il ne plaît. La colonne de bronze,
formée de serpents enlacés, qui s'élève encore sur la place de l'Atméidan,
à Constantinople, paraît bien avoir été la base du trépied de Delphes,
dont les pieds portaient sur les trois têtes des serpents maintenant bri-
sées; mais on ne songerait pas à ce souvenir archéologique si le tableau
ne tournait au bizarre, ce qu'on recherche trop dans le moment et ce
qu'il serait meilleur d'éviter. M. Gustave Boulanger, un talent bien fin et
bien distingué, est resté fidèle au vrai goût de l'antiquité dans son *Gyné-
cée*; c'est, dans un petit cadre, une grande composition où de nombreux
groupes de femmes et d'enfants se jouent au milieu d'une riche architecture. La couleur, d'ailleurs claire, est d'une précision un peu sèche, mais
la gravure donnerait toute sa valeur à cette élégante restitution.

L'*Hugo Van der Goes*, de M. Wauters nous fait repasser dans le
camp des coloristes. Le vieux peintre du xve siècle, dont on calme la
folie en lui faisant de la musique, est assis dans une haute chaise; un
Religieux le regarde avec intérêt pendant que quatre enfants de chœur et
deux grands garçons, très-bien groupés, chantent un motet en parties. Les
personnages sont simples, naturels, tous bien dans leur rôle, et il faut faire
honneur au Gouvernement Belge de s'être assuré cette belle toile, qui
fera bonne figure dans le musée où elle entrera. M. Steinheil le fils a
choisi une scène d'une bien autre tristesse. Des juges impassibles pro-

cèdent, dans une salle sombre, à l'interrogatoire d'un pauvre diable qui
a des pierres suspendues aux pieds et auquel le bourreau fait subir la
question par estrapade. C'est un peu sec, un peu noir, mais très-consciencieux et très-précis. C'est aussi au XVIᵉ siècle que se rapporte la
toile où M. Alfred Cluysenaar a groupé les figures des prédécesseurs de
la Réforme et des grands hommes de la Renaissance, et c'est une œuvre
d'une portée vraiment sérieuse. L'exécution est un peu crayeuse et
sommaire, mais ce n'est que l'indication, et pour une partie seulement,
d'une peinture exécutée à fresque dans le grand escalier du palais de
l'Université à Gand. Dans ces conditions doublement réduites, il est
difficile d'avoir une idée complète d'un ensemble qui doit être un travail
aussi considérable que l'Hémicycle de Delaroche ; mais l'ordonnance
paraît heureuse et habilement pondérée, ce qui est la première valeur
de ces compositions, nombreuses en personnages et toujours un peu
factices, où l'on réunit des figures de temps et de pays différents.

Dans le XVIIᵉ siècle, il faut signaler les compositions très-soigneuses de
M. Giuseppe Castiglione, *les Soldats de Cromwell et le châtelain roya-
liste dans le jardin du manoir d'Haddon-Hall,* et la *Visite chez l'oncle
cardinal,* qui se passe sur la terrasse d'un jardin de Frascati. Quoique
ce ne soit qu'une seule figure, n'oublions pas, de M. Vetter, le *Raffiné,*
en pourpoint et en culotte rouges, qui, avant de sortir, essaye la pointe
d'une épée de la façon indifférente dont il regarderait si son col ne tourne
pas ou si la plume de son chapeau est à la bonne place. L'eau-forte de
M. Le Rat nous dispense de décrire le cabaret où M. Ludovico Marchetti,
le plus jeune et l'un des plus habiles élèves de Fortuny, a mis en scène
des Reîtres *Après le combat,* tant le graveur a bien rendu le martelage
brillant et spirituel de la couleur. Mais le tableau le plus important en
ce genre est celui de M. Louis Leloir, la *Fête du grand-père* ; le vieillard, habillé à la vieille mode de Sully, embrasse sa petite-fille ; les jeunes
femmes sont jolies, les serviteurs amusants. Il y a là plus que de l'exécution ; l'esprit n'est pas seulement dans la touche, et le pinceau est au
service d'une composition véritable. Parmi les jeunes peintres, M. Leloir
est l'un de ceux sur lesquels on peut le plus sérieusement compter.

Il y a trop de petits tableaux avec le costume du XVIIIᵉ siècle pour
ne faire même que les énumérer. Je citerai seulement le grand tableau
où M. Fichel a représenté le *Départ du coche* dans une cour pleine de
monde, plus arrangé, plus spirituel, mais moins sincère et moins naturel que l'arrivée de la diligence de Louis Boilly ; celui où M. Adan a peint
un dernier jour de vente au bas de la rampe en fer forgé de l'escalier
d'un grand hôtel ; et surtout la *Première fable,* de M. Attilio Simonetti,

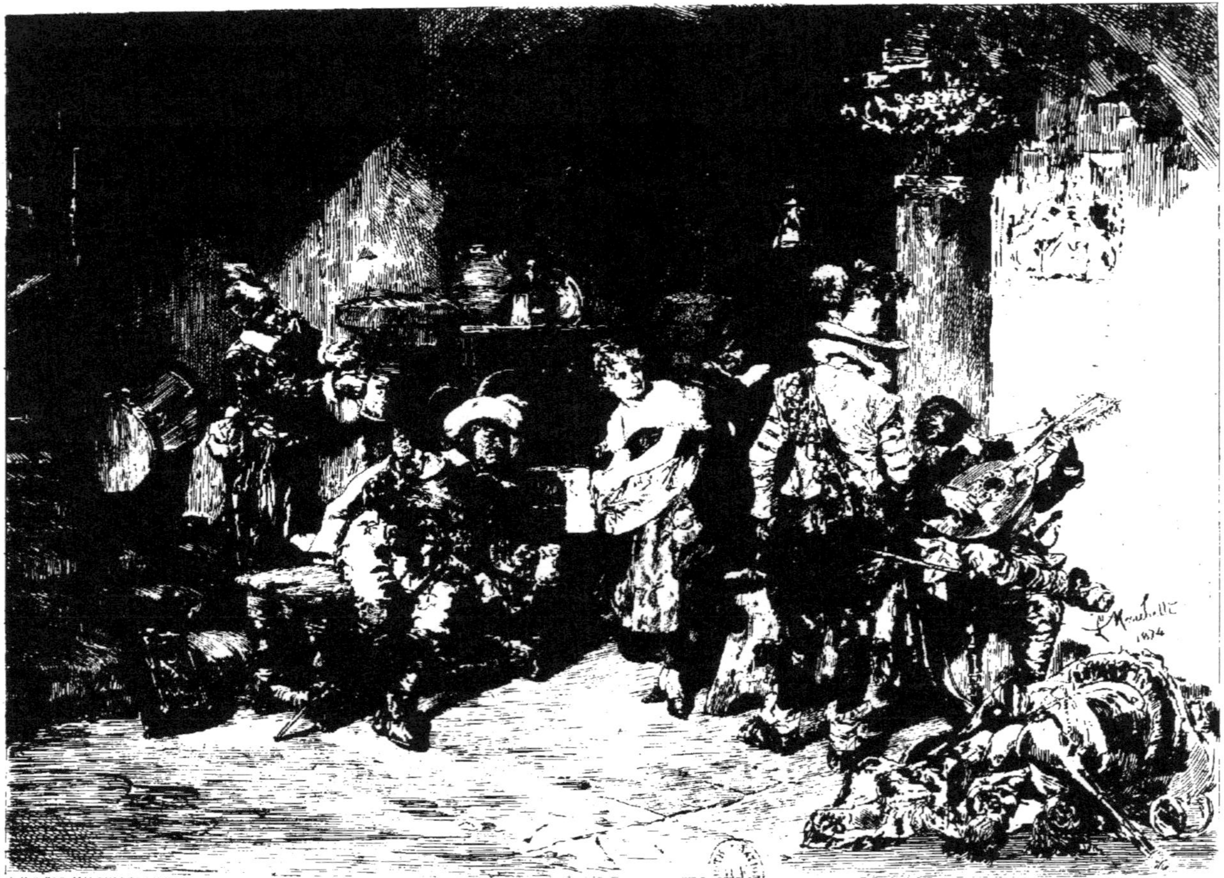

LUDOVICO MARCHETTI PINX   PAUL ... RAJ SCULP

Gazette des Beaux-Arts

APRÈS LE COMBAT.

Imp. A. Salmon, Paris

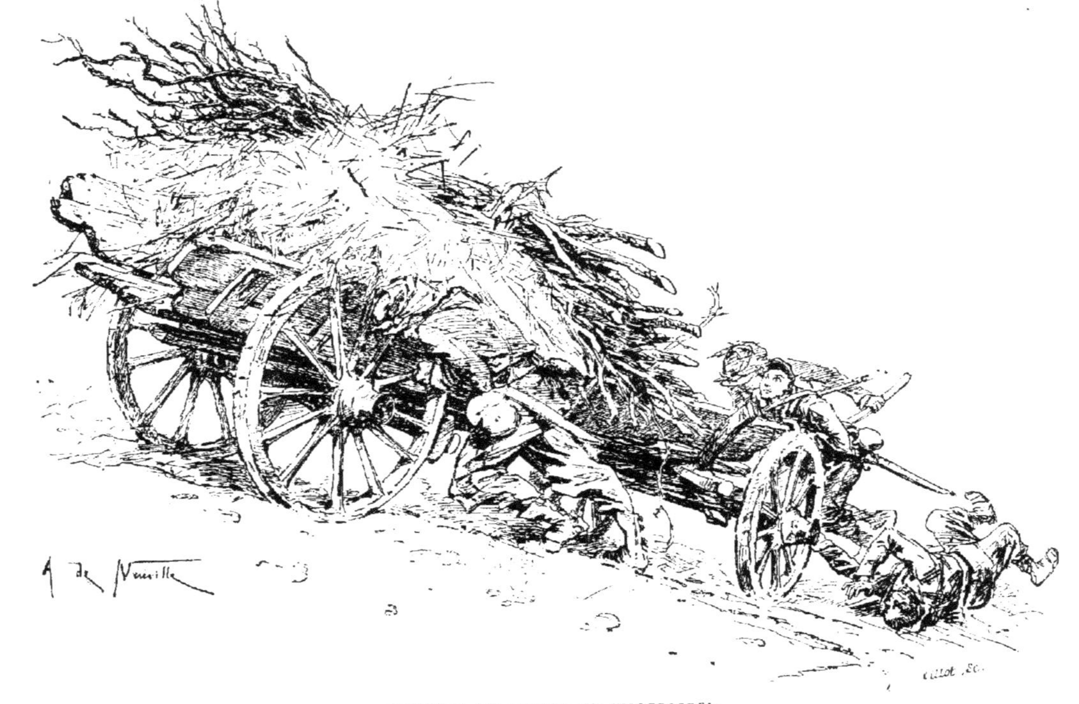

FRAGMENT DU COMBAT DE VILLERSEXEL.

Tableau de M. de Neuville (dessin de l'artiste.)

peinture très-claire et un peu papillotante, comme, au reste, toute la suite romaine et espagnole de Fortuny. Le père et la mère sont habillés comme à la fin du dernier siècle, mais les anachronismes ne manquent pas. Le coussin est japonais; il y a un bananier et un begonia dans un de ces vases de cuivre repoussé qui datent d'une dizaine d'années, et le bébé a dans le dos un de ces larges nœuds triomphants qui trottinent par centaines aux Tuileries toutes les fois que le temps est beau. Mais l'exécution est bien habile, et, en particulier, la broderie en soie de l'habit de l'homme est vraiment étonnante.

Il est encore plus impossible de détailler les scènes et les figures empruntées aux costumes de la vie féminine contemporaine, dont les premiers tableaux de M. Stevens ont donné un moment la note la plus juste et la plus distinguée. Que dire de nouveau de M. Plassan, de M. de Jonghe, de M. Saintin? Qui a vu dix tableaux du genre en a vu cent, et l'on hésiterait à affirmer qu'on n'a pas vu ce qui vient de quitter le chevalet. M. Firmin Girard, une nouvelle recrue de ce bataillon, se préoccupe davantage de composer une scène et de lui donner un sujet et une expression. Dans les *Premières caresses*, l'enfant, tenu par la nourrice sur un banc de jardin, se lance, avec ces gestes absurdement charmants de la première enfance, vers sa jeune mère, en robe violette avec beaucoup de volants. Dans le *Jardin de la marraine*, la mère est aussi en violet, et la marraine cueille des chrysanthèmes pour les offrir à la petite fille, dont la toilette, avec ses différences de soie, de fourrures, de feutre et même de cuir verni, chante une bien fine et bien jolie chanson toute blanche, que la plume de Théophile Gautier aurait seule été capable de noter. Mais M. Girard ne se préoccupe pas assez de réunir le fond et les personnages; ils sont comme mis l'un sur l'autre; ils ne sont pas solidaires et ne se tiennent pas assez. Peut-être aussi les fleurs qu'il y prodigue sont-elles trop nombreuses, et y aurait-il avantage à ce que les points de leurs touches colorées fussent moins visibles et prissent moins d'importance?

J'aurais voulu parler plus longuement des scènes de la vie paysanne et populaire, en réalité plus variées, à cause de la diversité des costumes et des pays, des *Bretonnes dansant autour du feu de la Saint-Jean*, par M. Jules Breton, des scènes Alsaciennes de MM. Pabst et Weisz, et du *Marché d'Anvers* de M. Pille, une composition spirituelle et habilement condensée, ainsi qu'on peut le voir dans le croquis de l'artiste; M. Pille a, du reste, cette année, une exposition fort remarquable. La place commence à me manquer, mais je ne peux pas ne pas m'attarder encore un peu en Hollande, en Espagne et en Italie. Pour la première, *la Jour-*

née d'hiver, de M. Kaemmerer, a repris à la moderne, et presque avec les élégances parisiennes du Lac, le thème des traîneaux sur la glace dont Breughel a peint si souvent le mouvement, soit qu'il changeât le canal en rue ou en route, soit qu'il y réunît le bruit et la gaieté d'une course ou d'une fête. Pour la seconde, M. Pio Joris a peint la cour d'un curé antiquaire avec toutes les adresses de l'école de Fortuny, à laquelle M. Worms, si Espagnol qu'il soit, fait bien de ne pas passer; il y perdrait ce qu'il y a de personnalité et d'expérience dans son talent. Sa *Nouvelle à sensation* est dite sur une place par le tambour de ville, et les curieux paraissent aux fenêtres et aux portes, même à celle du barbier. Dans *la Vocation*, une fillette, tenant sa petite jupe, s'essaye à danser pendant que sa mère pince sa guitare et que le père frappe des mains en mesure. C'est juste, simple et prestement spirituel. Plusieurs scènes italiennes, qui ont naturellement plus de style, sont aussi traitées sans recherche, et cette noblesse traditionnelle s'accommode mieux d'une certaine gravité simple. Schnetz aurait été content des *Maccaroni di sposalizio*, le repas des fiançailles chez un paysan de Capri, par M. Sain, et du groupe de paysans, de moines et de femmes, tous vus de dos, par M. Sautai, qui lisent sur la muraille d'une rue de Rome l'*avviso* imprimé, qui annonce pour le lendemain une exécution capitale.

VI.

De plus en plus les tableaux militaires tournent au genre. La grande toile en hauteur de M. Roll, où l'on voit l'engagement corps à corps d'un jeune cuirassier français avec un éclaireur prussien, cherche cependant à conserver la grandeur du style; ce serait même un tableau tout à fait remarquable et qui rappellerait Géricault, si la couleur était à la hauteur de l'agencement. En réalité, les tableaux qui dispensent de citer les autres sont ceux de M. Berne-Bellecour et de M. de Neuville. Dans le tableau du premier, *les Tirailleurs de la Seine au combat de la Malmaison*, les camarades artistes que le peintre y a réunis, et qui, hélas! ne sont pas tous revenus, tiraillent en s'abritant dans les vignes, en face d'un coteau éloigné parsemé de petites maisons blanches. Peut-être les personnages sont-ils juxtaposés plutôt qu'éparpillés, et trop détaillés, avec l'immobilité et les exagérations des parties en avant qu'on devrait bien laisser à la photographie. M. de Neuville est plus souple, plus vivant, plus compositeur. Sa *Surprise aux environs de Metz en 1870*, où quelques Français se précipitent sur des Prussiens, frappe par le contraste entre cet engagement meurtrier et l'aspect de cette petite maison de campagne à persiennes blanches, devant le perron de laquelle l'on s'attendrait à voir, plutôt que la fumée du combat, une grand'mère surveillant un enfant qui joue sur le sable. L'*Attaque, à la fin de la journée de Villersexel,* d'une maison occupée par les Prussiens, a une bien autre valeur. Pour avoir raison du bâtiment barricadé et crénelé où les Prussiens sont à l'abri et tirent en sûreté et à leur aise, quelques soldats ont réussi à traverser la place et allument tout ce qu'ils ont pu accumuler devant la porte. Au centre, d'autres soldats traînent et poussent une petite charrette chargée de paille et de fagots, pour apporter des aliments au foyer qui flambe déjà. Il n'y a là aucune convention dans les groupes ; on est vraiment au feu, et l'on s'y bat pour de bon. Cela vit, cela remue, ainsi que l'on en peut juger par la verve et le mouvement du croquis, fait par l'artiste, du groupe des soldats qui se sont attelés à la charrette.

Je n'ai pas parlé d'un autre tableau militaire parce qu'il est en même temps une vue de Paris, et qu'il serait bien désirable de voir les artistes se reprendre aux vues de villes, si facilement intéressantes et qui sont aussi rares maintenant qu'elles étaient nombreuses il y a une vingtaine d'années. Paris mérite d'avoir ses peintres, et les Anglais le savent bien. Avant Bonington, qui a fait d'admirables aquarelles avec les merveilleux couchers de soleil, si bien encadrés par les quais, que l'on voit fréquemment du Pont-Royal et que presque personne ne songe à regarder, il y a de bien curieuses suites anglaises, celles de Nash et de Pugin, mais surtout celle du capitaine Robert Batty qui date de 1823. Comme exactitude réelle et comme justesse d'aspect, nous n'avons rien de semblable. C'est pour cela que quelques tableaux du Palais des Champs-Élysées sont tout à fait intéressants. Ils se reprennent à un sujet où les motifs se rencontrent à chaque pas et offrent la plus grande variété.

Le tableau de M. Detaille représente un régiment d'infanterie passant sur le boulevard, par une journée neigeuse de décembre, et arrivant à la Porte Saint-Martin, qui forme à gauche la coulisse du premier plan. On voit de face la ligne des tambours du régiment, et par derrière les raies moutonnantes des képis qui finissent par se confondre et ne plus former qu'une masse. Les voitures et les omnibus sont arrêtés sur les flancs de la colonne ; les passants s'amassent et s'arrêtent sur les bords du trottoir pour regarder ; en avant, les gamins de tout âge, le petit pâtissier avec sa manne, et les ouvriers emboîtent le pas en ouvrant la marche. C'est un coin de la vie des rues saisi avec une grande justesse et avec un esprit qui manquera toujours à toutes les photographies instantanées.

La *Place de la Concorde* de M. Nittis, prise du quai, avec le Garde-Meuble comme toile de fond, est aussi un effet de la même nature. Les couples ou les personnages qui se croisent sur l'asphalte, encore

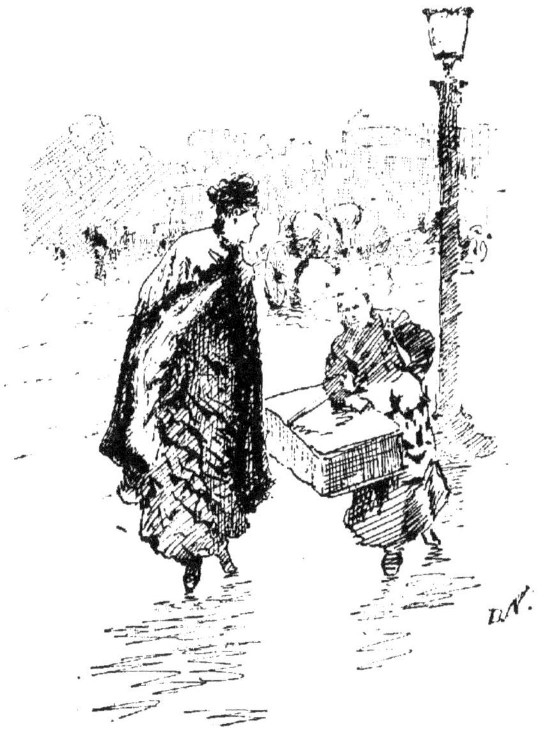

PLACE DE LA CONCORDE.

Croquis de M. de Nittis, d'après un fragment de son tableau.

brillant d'une pluie récente, le monsieur trop à la mode, vêtu de cette longue houppelande, à ceinture de drap, qui ne prendra pas parce qu'il est inutile d'endosser l'uniforme de l'hôpital ou de la prison, la femme du monde âgée, qui, n'ayant plus de coquetterie, ne porte plus de souliers trop étroits et qui, pour ne pas se mouiller, ne craint pas de relever sa robe, la petite fille qui hanche en portant au bras son

large panier de linge, les fiacres qui pataugent et les voitures de maître
qui leur font honte en les dépassant ou en les croisant comme un éclair,
l'omnibus qui roule à fond de train, tous ces vivants détails sont bien
naturels et bien spirituels. En même temps, il est vrai que les gravures
dorées du piédestal de l'obélisque sont bien criardes et qu'elles prennent
une trop grande importance. En nature elles se perdent malgré tout
dans l'immensité de la place, mais l'effet n'est pas suffisamment réduit
à la proportion du tableau.

Les deux tableaux de M. Grandsire et de M. Guillemet représentent
tous les deux la Seine au même point; tous deux sont intéressants et se
complètent l'un par l'autre : l'un donnant la vue du quai d'Orsay et du
quai des Tuileries, prise de la frégate; l'autre, pris du pont de Solférino, ayant pour fond Notre-Dame qui se silhouette sur un ciel gris,
martelé comme un ciel de mer.

Les intérieurs, qui offrent cependant tant d'heureux motifs, sont tout à
fait rares. Pourtant M. François Flameng, — le fils de l'habile graveur que
nos lecteurs connaissent mieux que personne et qui vient de faire, pour
la *Gazette*, une si magistrale traduction du *Portrait de Mme Pasca* —, a
exposé, sous le titre du *Lutrin*, une agréable vue de la salle du Chapitre
de Saint-Germain-des-Prés. On voit aussi de lui la tête d'une femme
en robe noire qui, à côté de certaines inexpériences de jeunesse, est
grassement peinte, un peu à la flamande, et donne bonne espérance de
son début. Il est, paraît-il, laborieux et ambitieux; ce sont deux conditions excellentes pour arriver.

VII

J'ai dit que dans son ensemble le paysage n'était pas en progrès.
Déjà depuis longtemps il est sorti de la préoccupation des grands aspects;
il a quitté la vallée, le fleuve, la plaine, la forêt, les grands horizons et
les grands ciels, pour le petit coin et le petit détail. Un rien suffit quelquefois, mais, dans le paysage comme dans tous les genres de peinture,
un sujet et un vrai motif sont plus importants. Un moment on en était
arrivé à bannir à peu près le ciel du paysage, ce dont on est revenu;
mais, de plus, on s'est laissé aller à l'abandon du dessin serré et de la
peinture faite. L'esquisse, l'étude un peu poussée, l'exécution improvisée,
la confiance dans l'inspiration première, dans la rapidité, dans les hasards
mêmes, et par suite l'admiration de tout ce qu'on fait, — qui ordonne de ne
pas détruire ce qui est venu si facilement et du premier coup, méthode qui
d'ailleurs évite la peine de composer, de choisir et de terminer,— voilà la

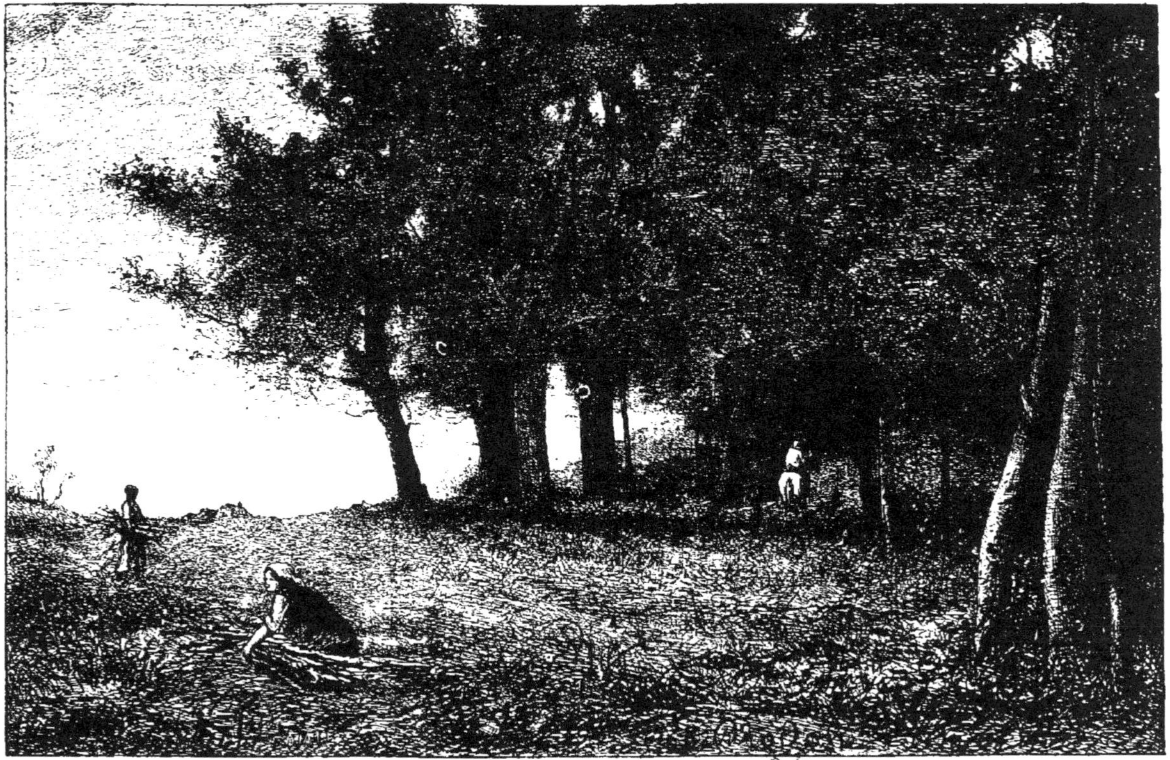

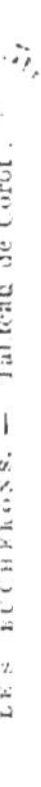

LES BÛCHERONS. — Tableau de Corot.

voie dans laquelle le paysage contemporain semble vouloir s'engager.

On fait des ébauches, des esquisses ; la plupart du temps ce ne sont plus des œuvres, mais des improvisations, ce ne sont plus des tableaux, mais des études. Gainsborough, qui a été un si admirable paysagiste, considérait ses paysages, qu'il ne vendait pas, comme des notes, des matériaux, destinés à lui servir de documents pour les fonds de ses grands portraits. Il allait beaucoup trop loin ; mais si, comme on le devrait faire, on ne laissait pas sortir de l'atelier ce qui n'est qu'un morceau et une étude, ce qui n'est qu'une note, un exercice et un document, bien des peintres dans le moment n'auraient rien à exposer. La mode, aussi bien chez ceux qui achètent que chez ceux qui peignent, est aux *impressionistes* ; le mot est fait et il a cours. Il suffit de donner l'impression — dès lors il n'y a plus rien à faire — et, pour ne pas la gâter, d'en rester là. Au fond cela chatouille la vanité personnelle et permet aussi, en faisant vite, de produire beaucoup et de vendre davantage. Plus d'un artiste, si même il ne se perd pas, se diminuera tout au moins et verra le succès l'abandonner parce qu'il aura ainsi exagéré et hâté sa production. Bien des paysages, cette année, ont un sentiment et un aspect, mais quand ils ne sont pas soutenus par les qualités solides résultant du travail, quand l'idée et l'exécution ne sont pas pesées et mûries, le résultat ne peut être qu'éphémère, et l'on peut devenir incapable de se reprendre au travail consciencieux.

Dans tous les cas, Corot, qui vient de mourir et par les tableaux duquel il convient de commencer cette revue des paysages du Salon, travaillait beaucoup ; son exécution, en apparence sommaire, voilée et comme tenue, disait-on, dans un certain vague par l'impuissance de faire autrement, était au contraire très-volontaire, car, à toutes les époques de sa vie, il a peint autrement. On l'a bien vu à l'exposition d'une partie de son œuvre à l'École des beaux-arts et à la vente des études de son atelier. Quand on le jugera définitivement, il faudra bien tenir compte de ce qui est le contraire de l'opinion commune. Corot ne peignait pas dans sa façon habituelle parce qu'elle était plus prompte et plus facile ; s'il a préféré cette manière, c'est par un choix raisonné, parce qu'elle lui paraissait mieux exprimer l'idéal qu'il avait conçu de certains effets de la nature.

L'opinion courante est que Corot a toujours peint le même tableau, toujours perdu dans le même brouillard ; l'exposition de l'École des Beaux-Arts et plus encore peut-être celle de sa vente ont donné à ce jugement sommaire et commode le plus complet démenti ; ce n'était ni l'ombre, ni l'indécision qui y dominaient, mais au contraire la lumière et

la clarté. Par la réunion, ses toiles ont monté au lieu de descendre et, au
lieu de se doubler et de se confondre, se sont distinguées au contraire par
leur individualité. La violence est rare dans son œuvre, et c'est une
exception que ce buisson, ployé et affolé par le vent, qui force en même
temps les nuages à rouler et à galoper comme la tempête d'une charge de
cavaliers. Le roux se rencontre rarement chez lui et il n'incendie pas ses
couchers de soleil; ses ciels, toujours un peu bas, sont plutôt blancs et
doux; ses horizons successifs se présentent à l'état de lignes tranquilles,
et le vent qui passe dans ses feuillages les anime et les rafraîchit sans les
agiter et les tordre; il dessine mieux aussi les étangs, les lacs et les ruis-
seaux que les fleuves; ce n'est pas l'ardent milieu de la journée qu'il
préfère, il est plutôt l'homme des aubes blanchissantes et des crépus-
cules lumineux. La nature n'est chez lui ni violente ni marâtre: elle est
partout maternelle et souriante, à l'état d'amie constante et fidèle. La
campagne de Rome et le lac de Némi figurent dans ses études plus que
dans ses tableaux, et les collines de sable blanc des dunes solitaires de
Bretagne ne l'ont arrêté qu'un instant. Le thème auquel il revient toujours, c'est la nature charmante et moyenne des environs verdoyants
qui font comme une ceinture d'arbres autour de Paris : Fontainebleau,
Gretz, Crécy, et surtout le côté de Saint-Germain et de Versailles, Port-
Marly, Saint-Cloud, Ville-d'Avray, Meudon, Chaville ou Bellevue, avec
la ligne longue et blanche de la grande ville se perdant à l'horizon.

C'est là qu'il était heureux de vivre, c'est là qu'il était heureux de
peindre, et c'est ce dont il s'inspirait quand il voulait donner un cadre
à un souvenir antique et élyséen. Mais aussi comme il sent, comme il
rend bien la poésie familière et tendre de cette nature aimable, au
milieu de laquelle on vit sans être écrasé par elle. Ce qu'il a peint, ce
sont les chemins blancs, la route étroite aux ornières bordées de gazon,
la prairie piquetée de fleurettes, le verger, la haie protectrice, la lisière
éparse du bois plus que la grande forêt. Dans les arbres, ce n'est ni le
chêne, ni les troncs gigantesques et séculaires, ni les sombres futaies qui
l'attirent; il aime les grands buissons, les jeunes arbres qui s'emmêlent
en groupes incertains, les écorces blanches, les saules glauques et le
mince bouleau qui laisse passer toute la lumière au travers de ses grappes
de feuillage, qui pendent et sonnent légèrement. De même, il a toujours
aimé le mélange de l'eau et du paysage, les flaques qui miroitent sous le
jour frisant, les mares endormies qui noircissent à la venue du soir, les
bords peu profonds des étangs avec leurs rayures tremblantes et les
troubles frissonnants de l'onde mobile, les pointes arrondies des petites
îles basses, les berges rongées et croulantes qui restent couronnées de

gazon, et à toutes ces élégances il donne en quelque sorte pour âme
la printanière jeunesse et la fraîcheur silencieuse. Personne ne l'a
égalé sur ce point, et il n'aura pas d'imitateurs parce qu'il faudrait
sentir comme lui, tant sa note et sa chanson ont une individualité originale. C'est ce qu'on vient de voir à l'École des beaux-arts comme on ne
l'avait pas encore vu, et ce qu'il importe de reconnaître au moment où
nous saluons pour la dernière fois au Salon les œuvres d'un maître et
d'un poète, qui comptera dans l'histoire du paysage.

Ses derniers tableaux lui conservent et lui gardent son rang. Quoique
ce soient des œuvres de vieillard, ils sont parmi les meilleurs paysages
du Salon et au premier rang de ceux où il y a autre chose que de l'adresse
et des procédés.

Le paysage où il a étendu à terre le corps de Biblis, dont les cheveux s'écoulent en source, n'a pas l'importance des *Plaisirs du soir*,
où, près d'arbres baignés d'une ombre encore lumineuse, quelques
personnages à l'antique se livrent à la danse avant l'arrivée de la nuit.
On retrouve là, dans les clartés mourantes du soir, la tendresse, la
douceur, la poésie, dont l'œuvre de la seconde moitié de sa vie est
comme tout imprégnée et qui semble chez lui si parfaitement naturelle.
Mais il faut mettre encore plus haut *les Bûcherons* ou plutôt *les Bûche-
ronnes*; l'homme éloigné, qui s'enfonce à droite sous l'ombre de la forêt,
est un paysan à cheval, et les deux personnages qui sont à gauche, dans
la partie découverte en dehors de la lisière du bois, sont deux femmes
qui lient des fagots. Le beau ciel blanc qui occupe toute la gauche fait
bien valoir la masse verdoyante qui se présente avec une forme générale
bien définie, précisément parce que les arbres du bord du bois, ayant
toute la liberté de l'air et du jour, se sont étendus et développés sans
contrainte. Il n'y a pas là de ces arbres légers, traversés par la lumière,
que Corot excellait à rendre; le sentiment est celui du calme et de la
force, et c'est bien le commencement d'une forêt.

On le sait, les paysagistes se nomment *légion*; je serai donc forcément rapide, passant sur ceux dont les toiles restent dans le sentiment
de leurs précédentes œuvres: Français, avec ses deux effets du soir et du
matin dans le ravin Franc-comtois du Puits-Noir, Harpignies, Daubigny le
fils et bien d'autres encore qui n'ont rien changé à leur manière. Il est
plus intéressant d'attirer l'attention sur ceux dont l'effort est plus
nouveau ou qui se sont plus modifiés.

L'Été et *l'Automne* de M. Bernier sont deux excellents paysages
bretons; le premier est une clairière, pleine de genêts éparpillés, que
traverse une charrette traînée par deux bœufs et par un cheval; le second,

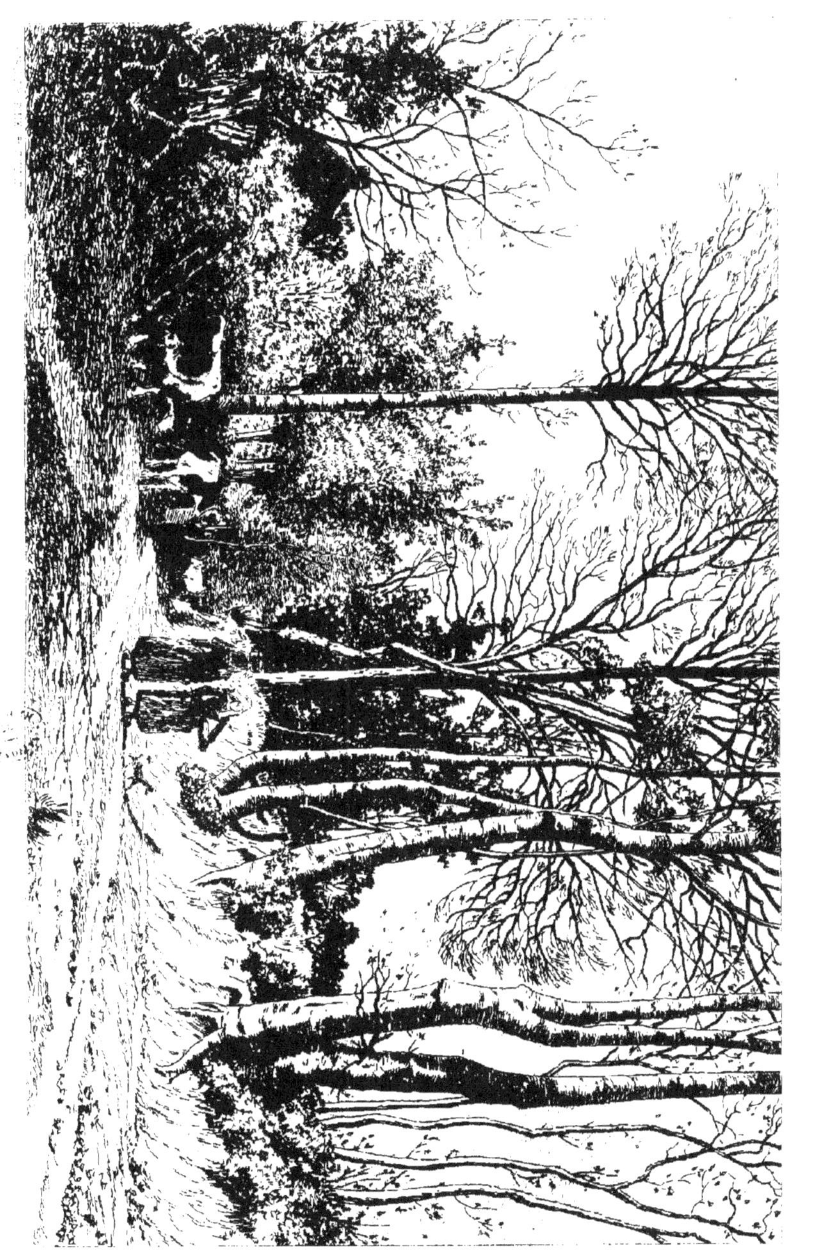

dont le peintre a fait pour la *Gazette* une vive et charmante eau-forte,
est un chemin d'arbres à écorce blanche, déjà dépouillés, au milieu
duquel s'achemine un groupe de paysannes conduisant leurs vaches. Les
trois tableaux de M. Pelouse sont normands : *la Ferme* est un courtil
vert avec des dindons; *Octobre,* souvenir de Honfleur, est une falaise
avec des genêts et des arbres tourmentés et tordus par le vent de mer;
enfin *A Vasouy,* près de Honfleur, le plus considérable et le meilleur des
trois, nous montre, avec la verdeur fraîche du pays normand, une prairie en verger, auprès d'une longue construction rustique, et au fond, à
droite, des prairies plus basses qui semblent aboutir à la mer. C'est à la
forêt de Fontainebleau que MM. Cassagne et Gassies consacrent leurs travaux, et M. Yon a peint, d'après les environs de Montereau, deux motifs
où la Seine intervient d'une façon heureuse.

Citons aussi M. Léon Flahaut dont l'exposition cette année est particulièrement remarquable, et M. Maxime Claude, le peintre des élégances
anglaises, si distingué et si délicat, dont les petits tableaux sont de
véritables paysages, notamment le *Souvenir de Londres,* qui est un de
ses meilleurs.

Rien de plus différent que le *Temps gris en décembre* de M. Fran-
çois-Émile Michel, un bord de ruisseau, avec de la neige d'où sortent des
roseaux et des buissons desséchés, et dans le ciel un vol d'oiseaux noirs.

Des tableaux qui ont un succès bien mérité, ce sont ceux de
M. Xavier de Cock : un ruisseau entre des saules; trois vaches, rousse,
blanche et noire, descendant au ruisseau au milieu d'herbes, où leurs
jambes disparaissent; un dessous de bois mousseux avec un cerf et une
biche. Ils ne sont qu'une mer de verdure claire, que le soleil, qu'on ne voit
pas, remplit de lumière de façon à changer par transparence le vert des
feuillages en jaune. Ce sont des merveilles de légèreté et de fraîcheur, et,
à côté, il n'est possible de mettre qu'un tableau de M. César de Cock, les
bords de l'Erdre, je crois, et non pas de l'Èbre, comme le dit le livret, car
l'Èbre d'Espagne ne peut pas être aussi frais, aussi ombragé d'arbres,
aussi vert enfin, toutes élégances que possède, au contraire, la petite
rivière qui se jette dans la Loire, auprès de Nantes.

Pourtant un autre paysage est encore plus remarquable; il n'a pas
le même charme, mais le sentiment en est plus profond. L'*Effet du soir,*
que M. Ségé a emprunté à la monotonie des plaines de la Beauce, est
peut-être le meilleur paysage du Salon, et, pour moi, c'est celui qui m'a
le plus frappé et dont je me souviendrai le plus. Le ciel est sans nuages,
la terre absolument unie, et les derniers rayons atteignent les inégalités
des sillons; à une certaine distance, un long troupeau de moutons

broute en ligne droite, et dans le fond un petit village éloigné
s'estompe en violet. Rien de tous ces éléments n'est intéressant, et leur
réunion est admirable ; c'est à la fois l'air et le calme, et, à cette heure
du coucher du soleil, ce pays, absolument insignifiant, se revêt d'une
poésie singulière et même grandiose. Cela m'a rappelé, quoique le sentiment soit tout différent, l'effet de l'*Espace* de Chintreuil ; mais l'exécution de l'*Espace* était incertaine, comme traînée et parfois creuse. Il n'y

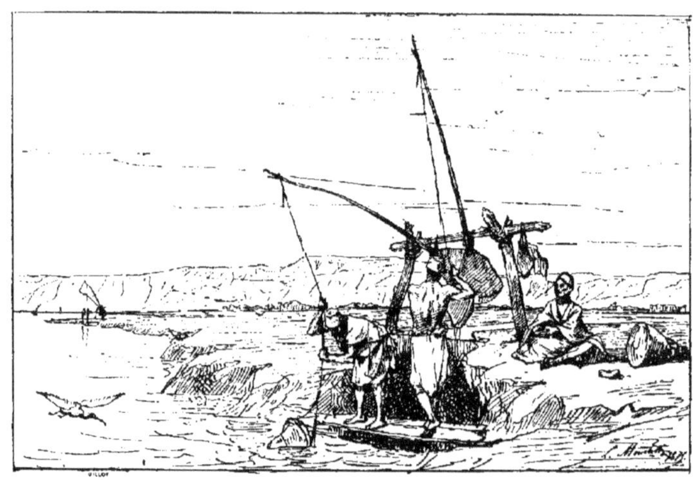

LA CHADOUF (Bords du Nil).

Croquis de M. Mouchot, d'après son tableau.

a pas ici une faiblesse ; tout se tient avec la même valeur, pour se perdre
dans une harmonie générale d'une force saisissante.

L'Orient n'est plus aussi à la mode qu'autrefois. Decamps et Marilhat
ont depuis longtemps disparu ; ils n'ont pas été remplacés, et M. Fro-
mentin n'a rien peint cette année, ou du moins n'a rien envoyé. Le
Bazar des tapis au Caire, de M. Jourdain, n'est même oriental qu'à
demi, car les acheteurs, auxquels quelques Juifs et quelques Arabes
montrent des tapis étendus à terre, sont des Françaises en robes de Paris,
d'ailleurs vraiment braves de s'exposer à toute la vermine qui doit y
avoir élu domicile. Le *Bivouac des chameliers*, de M. Guillaumet, est

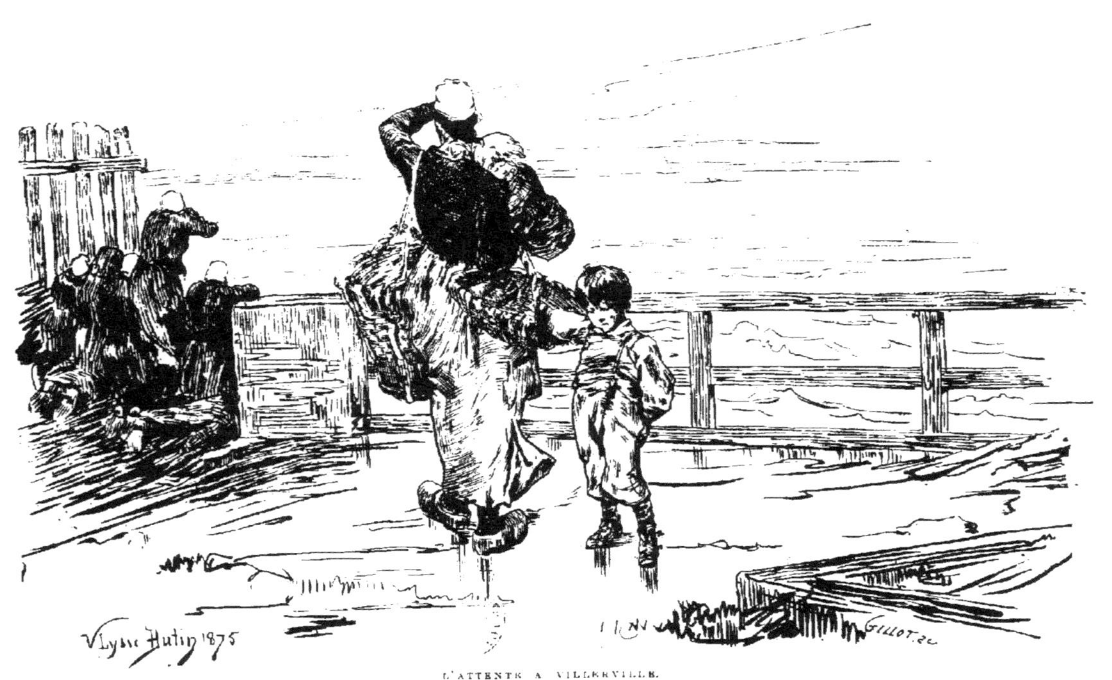

L'ATTENTE A VILLERVILLE.

Dessin de M. Ulysse Butin, d'après son tableau.

plus important, comme aussi la très-jolie toile de M. Louis Mouchot, *la Chadouf*, où l'on apprend le système d'irrigation employé dans la haute Égypte, et où, comme on le peut voir dans le fin croquis de l'artiste, l'eau est tirée du Nil par le procédé le plus primitif, au moyen de seaux en cuir attachés à une longue perche faisant bascule, qu'on abaisse et qu'on relève successivement.

Les trois petits tableaux de M. Berchère sont aussi variés qu'intéressants. Dans le premier, deux barques, allant de conserve, sont prises sur le Nil, pendant que l'inondation en fait une mer, par un coup de vent qui déchire la voile de l'une, qu'on avait eu l'imprudence de laisser tendue ou qu'on n'avait pas eu le temps de larguer. Le second donne un effet rare en Égypte et qui doit y être bien charmant; ce sont les plaines du Delta toutes vertes au printemps au moment du labourage. *Le Haut Nil à midi* est peut-être encore plus inattendu, car c'est à l'état de radeau qu'on y voit descendre toute une cargaison de vases de terre, liés ensemble par des harts de roseaux.

Venise, l'orientale, qui s'élève au milieu de ses lagunes, nous sera une transition toute naturelle pour arriver aux tableaux dont la mer est le personnage principal. M. William Wyld lui reste fidèle et il nous montre : dans l'un de ses tableaux, la pointe de l'île de la Giudecca et celle de la Douane avec l'église de la Salute, perdue dans une brume légère; dans l'autre, la ligne du quai des Esclavons, terminé par les Procuraties, et la Salute, à gauche de l'entrée du Grand Canal. M. Rosier a traité avec beaucoup de bonheur un motif plus rare, le ciel sur la calme lagune. Le caractère vénitien n'en est indiqué que par l'église d'une toute petite île à l'horizon ; il y a comme de la poudre d'or dans le ciel, et l'eau, plus immobile que celle d'un lac, brille doucement sous la vibration de cette clarté.

Dans les meilleurs tableaux de marine, il n'est plus question de combats, ni presque même de navires. C'est la mer seule, son aspect, sa couleur, les grâces ou les colères de la vague et les accidents de la plage qui attirent les peintres. Les marinistes sont maintenant plus paysagistes qu'autrefois; leurs adorations se partagent bien nettement entre les deux rivales de beauté, la grecque et la barbare, entre la bleue Méditerranée et le vert Océan. M. Jules Masure, infidèle aux plaines et aux collines du Soissonnais où il est né, ne quitte plus les côtes de Provence; c'est là qu'il voit la mer et les rochers de ses grèves. Sa longue vague, droite et tranquille, qui retombe en souriant, est lumineuse, bleuissante et comme fouettée de toutes les couleurs qui dansent et s'éparpillent en l'irisant. Dans sa *Baie de Saint-Raphaël* le temps est couvert, mais le jour se glisse

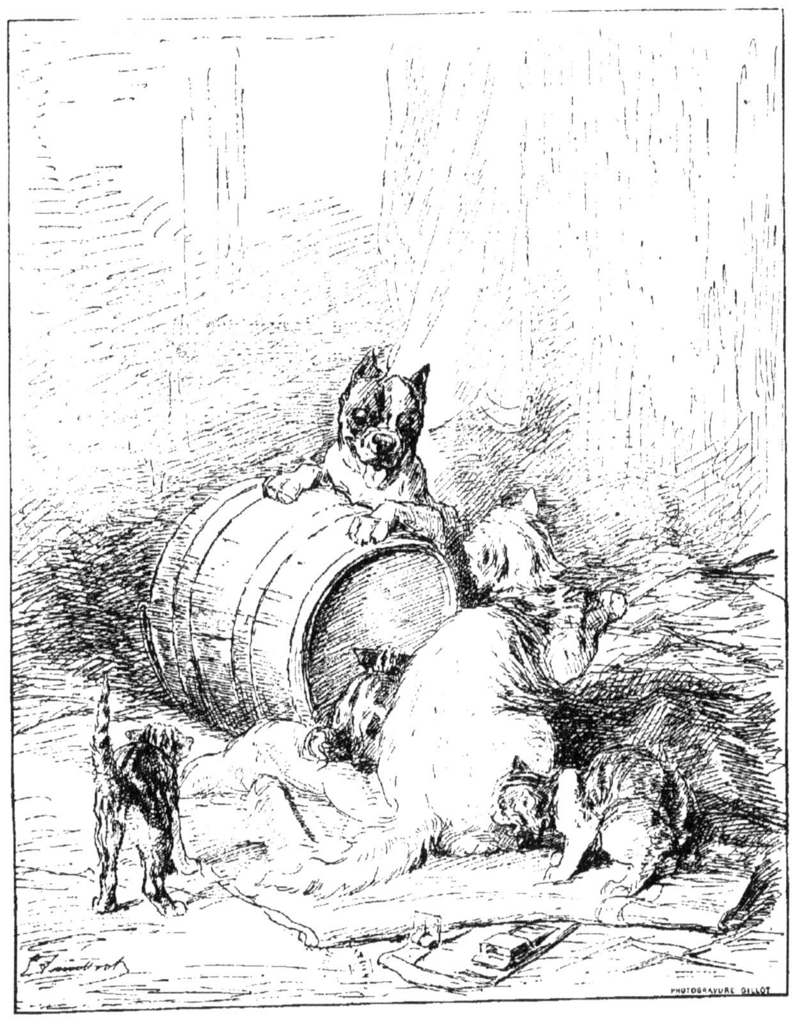

L'ENNEMI.

Dessin de M. E. Lambert, d'après son tableau.

encore et fait miroiter doucement la pointe des petites vagues. Dans le tableau de M. Olive, les vagues bleues verdissent légèrement le long des falaises génoises, et dans celui de M. Ponson, la mer est de ce bleu profond et intense qui lutte avec celui du ciel.

Dans l'autre camp, ce sont les côtes de Normandie et de Bretagne, qu'on ne se lasse pas davantage de voir et de peindre. Ainsi M. Lapostolet a peint la plage de Villerville sous un ciel de pluie et avec la montée de la marée qui mène grand bruit sur sa moraine de galets; M. Vernier, le retour du bord de l'eau à marée basse sur les plates grèves de Cancale; M. Léon Gaucherel, qui rapporte toujours de ses courses de petits tableaux et des aquarelles de l'accent le plus juste et le plus net, les bateaux d'Arromanches sur les côtes du Calvados. Dans une des toiles de Mme La Villitte, qui a un talent bien remarquable pour une femme, la mer verte de sa *Marée montante près de Lorient* s'argente de soleil. Quant à M. Lansyer il choisit des aspects plus sauvages. Dans sa plage d'Arvéchen à marée basse, la vague retombe en ligne aussi droite que les longues grèves, devant un promontoire de rochers noirs sur lesquels la haute mer s'affolera et qui garde la trace de ses assauts.

L'Attente à Villerville le samedi de M. Butin n'est pas seulement une marine; la mer, un peu houleuse, s'étend au loin, mais le long de la balustrade de la jetée, les femmes, accompagnées des enfants, regardent, en mettant leurs mains au-dessus de leurs yeux pour mieux voir, si elles ne reconnaissent pas les barques de leurs pères ou de leurs maris qui doivent rentrer. Rien de plus; mais dans cette simplicité on sent le drame journalier de la mer, si belle à regarder, mais si terrible et toujours si inquiétante, même quand elle est calme.

On sait la valeur des anciens Hollandais dans la représentation de leurs canaux, de leurs plages unies et de leur mer clapotante. Leurs successeurs sont dignes d'eux, et cette année ils méritent d'être particulièrement distingués. Si la *Tamise* de M. Clays, avec Saint-Paul de Londres dans le fond, est plus hollandaise qu'anglaise, son *Calme par un temps orageux*, avec un ciel nuageux très-blanc, et sur l'eau le reflet du détail de la couleur des bateaux, est une merveille, peut-être la meilleure marine de l'Exposition. Le tableau de M. Mesdag, le *Lever du soleil* sur une côte de Hollande à marée basse, avec des bateaux pêcheurs qui arrivent et dont le premier ne flotte plus, est d'un effet général gris bien harmonieux. Dans le *Souvenir de Zélande*, de M. Van Hier, la mer, blanchâtre le long d'une plage sablonneuse, se confond à l'horizon avec le ciel. Un tableau d'abord étrange, qu'il faut rapprocher de ceux-là, c'est le tableau de M. Wahlberg, *Une nuit d'avril en Suède*, à l'entrée

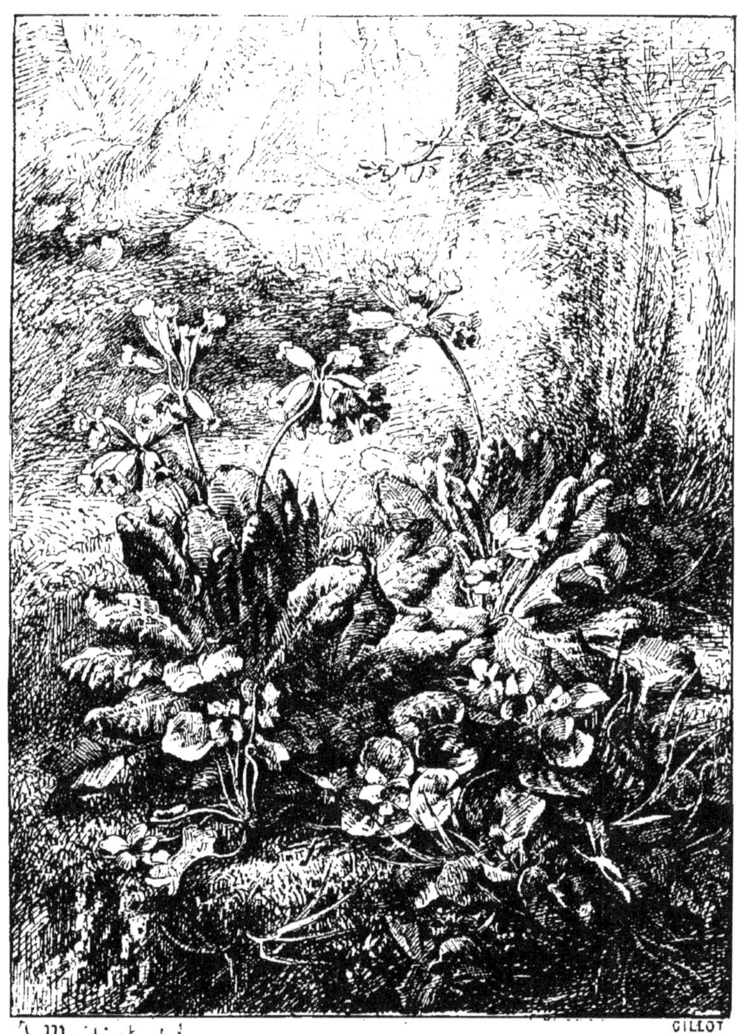

COUCOUS ET VIOLETTES.

Dessin de M. J. Maisiat, d'après son tableau.

de l'archipel de Gothembourg. La lune ne paraît nulle part, et elle est
partout parce que sa clarté passe au milieu des troupeaux de petits
nuages blancs qui courent sur un fond bleu très-violacé. On s'étonne
au premier regard, et l'on y revient, tant il y a là l'accent sincère d'un
effet réel, aussi bien rendu que bien senti.

VIII

Depuis plusieurs années, l'animalier le plus juste et le plus spirituel
est certainement M. Lambert. Les têtes variées, inquiètes, curieuses,
effrontées, des petits chats sortant d'un panier, dans le tableau qu'il
a intitulé l'*Envoi*, sont amusantes ; mais Jack, Sham et Shot, un lévrier
jaune, un chien blanc et une bonne chienne noire à longs poils, assis ou à
demi couchés devant un chat, qui ne garde sur un grand tabouret sa pose
hiératique que parce qu'il les domine et peut surveiller tous leurs mouvements, est une composition véritable. J'aime encore mieux, toutefois,
dans sa gaieté un peu folle, le chien que M. Lambert appelle l'*Ennemi*,
précisément parce qu'il ne pense pas à l'être. C'est un tout jeune ter-
rier que l'ami Bob, qui, dans son écurie, est grimpé sur un seau qu'il
doit venir de renverser, et ne demande qu'à jouer avec trois petits
chats, voire avec la mère chatte. Sa tête est aussi bon enfant que possible,
avec ses yeux pétillants, sa langue rose, qui sort sur le côté de sa gueule,
et ses oreilles invraisemblables, mais il doit avoir l'air du diable pour
les petits chatonnets. Celui surtout, dont on voit par derrière la queue
encore courte et conique, pointue comme une aiguille et large à la base,
jure et fait le gros dos de la façon la plus sérieusement comique. C'est
la nature même, et le croquis, gravé sur le dessin de l'artiste, en est la
charmante indication.

Les deux tableaux de moutons de M. Schenck, plus rustiques, sont
dignes de lui. Le *Loup et l'Agneau*, que M. Philippe Rousseau a pris à
La Fontaine, surprend par son exécution, presque aussi léchée et
conventionnelle que celle de Brascassat, mais on retrouve toute sa verve,
sa franchise et sa justesse dans le tableau où il a réuni sur une table
quatre fromages à la pie, des pommes et des giroflées dans une cruche.
C'est dès aujourd'hui un morceau de musée et l'une des plus solides
peintures du Salon.

Le grand tableau en hauteur de M. Monginot, à la fois plus lâché et
plus composé, serait aussi un bien beau tableau de salle à manger. Les
Amis de la maison sont trois singes, aussi amusants qu'ils sont laids à

voir, et qui méritent bien le juste jugement de La Fontaine : « D'animaux malfaisants c'était un méchant plat », car ils sont en train de se divertir en se battant avec les plus belles pièces de la crédence du maître, qui sera bien malheureux quand il rentrera et qu'il verra cet effroyable carnage. Le singe qui est sur la table bondit et lance, avec un geste de héros, un admirable plat, qui va dans une seconde se briser sur le plancher, où gisent déjà des débris de faïences et les tristes morceaux d'un grand vidrecome allemand de verre vert à grosses bosses. C'est aussi un tableau bien décoratif que celui où M. Louis Moreau a représenté sur une table une marmite de pot au feu, et, au pied, une botte de légumes, avec, au fond, une grosse bouilloire dans l'âtre. Citons encore le beau panneau de M. Leclaire.

Dans la série des natures mortes il est impossible de ne pas parler de M. Vollon. Le petit tableau d'un cochon ouvert, à côté duquel sont également suspendus son cœur et ses poumons, n'est qu'une esquisse terminée, qui aurait de la peine à lutter avec le veau de Rembrandt et qui a d'ailleurs cette fausseté que ce cochon, qui vient d'être tué et qui devrait être blanc, est d'une couleur bien plus rousse que s'il était fumé. Les armures sont tout autrement remarquables et montrent bien que le peintre a vraiment un don naturel. Des deux armures, un peu courtes, qui sont l'une derrière l'autre le long du mur d'une galerie, la seconde est dorée et la première est une armure blanche. Les coups lumineux, et sur cette dernière, les légers dessins noirs, exécutés de la façon la plus singulière avec des frottis de points noirs qui ne sont guère qu'une salissure, ont une verve et une justesse étonnantes, et la peinture se tiendrait si on l'accrochait dans l'une des salles du Musée d'artillerie. Mais pourquoi y avoir joint cette vilaine figure d'homme à demi-corps? Elle est inutile en tout cas, et, pour la dessiner, l'instinct et le don n'ont pas suffi.

Quant aux fleurs, l'un des maîtres de genre, Mme Escallier, a deux tableaux, très en largeur et tous deux sur un fond de ciel, qui sont singuliers au premier coup d'œil. L'un est un panier de roses suspendu, avec deux colombes; l'autre se compose de chèvrefeuille, de laurier-rose et de glaïeuls, arrangés avec un bouclier dans le goût un peu suranné de ceux que Moreau aurait dessinés pour les héros de Tasse. Il faut penser que ce sont des panneaux décoratifs, peints pour servir de dessus de porte dans un salon du Palais de la Légion d'honneur; il fallait les tenir dans le goût de l'architecture, et en place ils auront toute leur valeur. Au Salon, le panier renversé, qui est rempli de muguets avec du myosotis et des branches d'aubépine rose, l'emporte sur eux parce que c'est un tableau. Après Mme Escallier, il faut citer les branches de lilas coupés,

avec quelques brins de violettes, sur un terrain couvert de mousses, de
M. Kreyder; les roses tremières et les glaïeuls, posés dans un brasero de
cuivre, de M. Perrachon, et les trois étranges tableaux, surtout les coque-
licots, de M. Quost. De près, ce n'est qu'une vieille palette avec ses taches
desséchées; de loin, l'aspect est charmant, mais il y a vraiment trop d'a-
dresse et pas assez de dessin. M. Maisiat a plus de conscience; personne
mieux que lui ne connaît les fleurs et les herbes, non-seulement leurs
formes et leurs couleurs, mais leurs concordances et leurs harmonies.
Alphonse Karr a plus d'une fois, et très-justement, raillé les poëtes et les
romanciers qui parlent de fleurs d'été en même temps que de fleurs
d'hiver, et qui mettent dans un jardin, ou dans la campagne, ce qui ne
ne vit chez nous qu'en serre chaude. M. Maisiat ne tombera jamais sous
cette critique; il connaît non-seulement la fleur, mais la plante, sa saison
et son habitat; il les aime et les rend avec un rare sentiment de composition, en les mettant toujours dans leur vrai milieu naturel. Cette année,
il a exposé une corbeille de pêches et de grappes de raisins muscats
d'une belle transparence ambrée, — des roses mousseuses roses et blanches
dans un vase, — et des coucous et des violettes sauvages poussant côte à
côte au printemps, au milieu de ce tapis charmant de la première verdure. C'est celui-là où se sent le plus le caractère particulier du talent
fin, sincère, profondément naturel et personnel, de M. Maisiat, et qui
méritait le plus d'être choisi par la *Gazette* pour donner le mieux l'idée
de l'originalité de l'artiste.

IX.

Il y a peu à dire sur les miniatures; elles ne sont pas nombreuses
et ne brillent pas cette année. Il suffira de citer en tête le portrait de
femme de M. Charles Camino, ensuite les miniatures de Mme Herbelin et
celles de Mme Isbert et de Mlle Lucy Fehrenbach. Il n'y a pas beaucoup plus
à dire des émaux; M. Lepec, qui n'est pas un copiste du xvie siècle et dont
les œuvres en ce genre seront l'honneur des musées futurs, n'a à ce
Salon que trois portraits à l'aquarelle; il n'a pas envoyé d'émaux, et dans
ceux des autres il y a vraiment trop de dessin incertain et de colorations
étranges. Je regrette aussi de n'avoir pas plus d'éloges à faire de ce qu'il
y a de peintures sur faïence à l'exposition. Beaucoup ne sont guère que
de l'art appliqué à l'industrie, notamment ces trop nombreuses copies
des agréables demi-figures de M. Chaplin. Elles sont en camaïeu, mais
de toutes les couleurs claires, bleu, rose, gris et lilas. Elles sont aussi

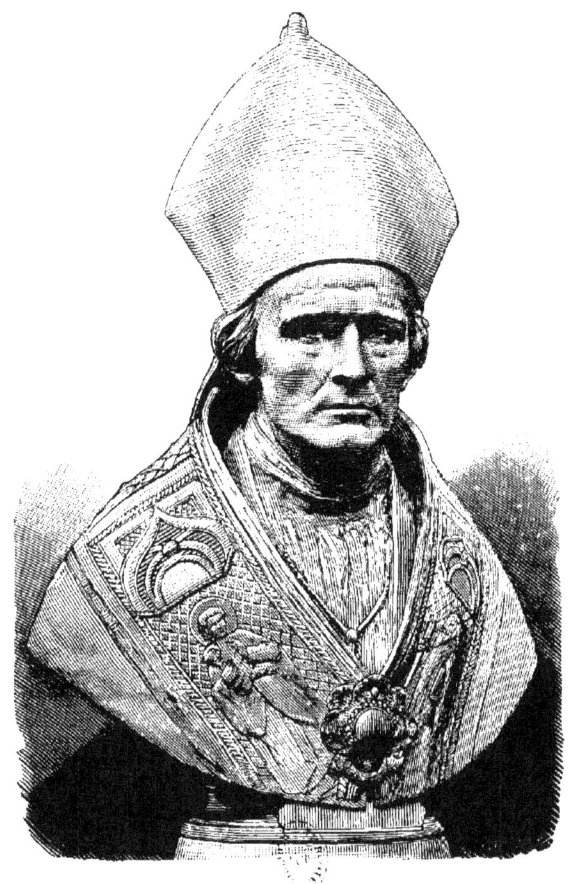

Buste en marbre par M. Guillaume.

de la même taille, et un peu plus on les prendrait pour un transport
d'impression produit par une photographie, enluminée de couleurs fusibles
et brûlées au four. Si *joli* que ce soit, ce ne sont pas des œuvres dignes
du Salon.

Il y aurait pourtant injustice à ne pas citer quelques noms : ceux de
M. Bouquet, pour ses paysages en largeur; de M. Ulysse, de Blois, pour
son grand plat, presque un médaillon, puisque la concavité est très-
faible et sans marly, qui représente, en costumes du xvie siècle, un espion
prisonnier amené devant le capitaine d'une forteresse; de Mlle Marie
Cibot, la copie d'un portrait de jeune femme d'après Holbein, en avant
d'un fond jaune et dessiné par des lignes bleues sur une réserve de
blanc; de M. Mohler, la tête d'une jeune Nivernaise de profil. Ce qu'il
y a de plus important, c'est la grande composition à l'antique, en faïence,
avec un cadre d'arabesques, dans laquelle M. Charles Houry a représenté
le Printemps sur de petits carreaux assemblés, et surtout, au point de
vue de la valeur de la couleur, les belles et grandes plaques en hauteur
où M. Georges Schopin a représenté, dans un sentiment de dessin très-
juste et très-large, un faisan et un dindon. A part ces exceptions, il y a
trop de copies absolument insignifiantes. Pourtant, il y a là une œuvre
d'un autre genre et vraiment exceptionnelle; c'est le grand médaillon en
émail cloisonné, que M. Thesmar, un Français, malgré son nom étran-
ger, a fait pour la maison Barbedienne[1]. C'est absolument, lorsqu'on pense
aux périlleuses difficultés des cuissons successives, dont chacune peut
faire fondre et couler l'œuvre entière, un morceau tout à fait hors
ligne. C'est, comme on sait, un faisan doré du Japon, qui marche la tête
levée à côté de ronces, de chardons et d'un coin de champ d'avoine.
Ce n'est pas une copie; le cloisonné y est plus large et plus long que
dans les œuvres Chinoises et Japonaises, qui coupent et contournent
davantage leurs cloisons pour former leurs petits dessins. Pour emprun-
ter une expression à un autre art, je dirai que M. Thesmar a mis les
lignes de son dessin en cloisons, comme un verrier met en plomb celles
de ses figures, et il faut précisément savoir gré à l'artiste d'avoir été
lui-même et d'avoir, dans des dimensions plus grandes, comme dans un
sujet qui est un tableau autant et encore plus qu'une œuvre décorative,
modifié le procédé dans le sens de la personnalité de son dessin et de
l'effet qu'il voulait produire. Rien n'est plus brillant, plus réussi et plus
sûr. Pas une teinte n'est sortie faible, brûlée, soufflée ou piquetée de
bulles, de l'effroyable chaleur à laquelle il a fallu faire passer l'œuvre.

1. Voir la gravure, p. 522, t. X de la *Gazette des Beaux-Arts,* 2e période.

Tout y est net et d'une franchise brillante très-remarquable. Les amateurs de bibelots, dont les trois quarts au moins ne sont que des gens à la suite de la mode, peuvent passer à côté et ne pas s'inquiéter d'une chose qui est moderne et dont on connait l'auteur. En réalité, l'œuvre est belle et originale; il n'y a pas de pièces de ce genre en Orient, et on ne l'y ferait pas.

X.

Sans avoir une moyenne aussi élevée qu'à l'ordinaire, la sculpture, malgré ce qu'on y rencontre de puérilités et de niaiseries, se tient mieux pourtant que l'ensemble de la peinture, ce qui est dû à sa condition première des trois dimensions et aussi au tempérament plus sculptural que peintre de notre race française d'artistes, dont la valeur a toujours été plus égale et plus continue, plus ancienne à la fois et plus constamment puissante, dans les arts calmes et raisonneurs de la sculpture et de l'architecture. Ceux-ci ne souffrent pas autant de choses que les conventions de la surface plane de la peinture, sur laquelle peuvent se produire toutes les exagérations comme toutes les faiblesses.

Il y a donc un certain nombre de bonnes figures, mais trop peu d'œuvres hors ligne. En se tenant à ce que nous avons sous les yeux, il est certain que celles qui ont eu le plus de succès, et qui le méritent, sont le buste de Mgr *Darboy*, par M. Guillaume, la *Jeunesse*, de M. Chapu, et le jeune *Aristote*, de M. Charles Degeorge.

Le plâtre du buste de Monseigneur Darboy était au Salon dernier, mais l'exécution en marbre en est si fine, si magistrale et si personnelle qu'il prend une valeur toute nouvelle. Il est d'ailleurs d'une grande simplicité; la mitre d'étoffe, unie, sans ornements et légèrement penchée en arrière, les broderies du vêtement, malgré leur épaisseur naturelle et les deux figures en pied de saint Jean et de saint Jacques qui en ornent les bordures, les reliefs du mors de la chape, sont tenus dans une sobriété pleine de goût, qui laisse tout son intérêt au calme fatigué, et un peu alangui par l'âge, de cette belle tête de vieillard. On ne peut pas mieux rendre, et sans aucune laideur, les ravages de la vieillesse dans le front, qui reste pur malgré ses rides, et dans les joues amaigries et sillonnées. C'est un des plus beaux bustes qui aient été faits depuis longtemps, et, comme l'on ne saurait trop le laisser en lumière, il serait heureux qu'à côté de la perfection de ce marbre, caressé par le ciseau le plus fin et le plus sûr, on lui donnât aussi l'accent plus vif du bronze. La souplesse de la mitre, le relief des ornements, le détail de la tête, conviendraient à merveille aux larges touches de lumière qu'apporterait le métal. Le meurtre de l'archevêque de Paris est trop tristement historique pour que le buste de cette victime ne soit pas mis en honneur à plus d'une place, et le Musée de Versailles, par exemple, est aussi bien désigné pour cela que peut l'être Notre-Dame.

La figure de M. Chapu est inspirée aussi par les tristesses et les douleurs de ces dernières années; elle est destinée au monument élevé à la mémoire de Henri Regnault et des élèves de l'École des beaux-arts tués pendant la guerre. La Jeunesse, le genou droit appuyé sur l'un des ressauts inférieurs d'un cippe funéraire contre lequel tout son corps est comme appliqué, se dresse et élève le bras gauche pour déposer sur le couronnement une branche de laurier. On a dit que la branche de laurier n'avait pas besoin d'être en bronze doré; si cet emploi du métal n'est pas une suite d'une certaine polychromie dans l'ensemble du monument dont nous ne voyons que le centre, cette note de couleur est tout au moins inutile. On a dit que le bras, la poitrine, et même la tête, n'étaient pas assez pleines et n'avaient pas la beauté que demande une figure allégorique; il y a là quelque chose de vrai, bien que ce ne soit ni la Renommée ni la Gloire, mais la Jeunesse, qui peut et doit présen er une certaine gracilité. On a remarqué comme une bizarrerie que ce soit le bras gauche dont elle se serve pour atteindre le haut du cippe, alors que l'emploi du bras droit est certainement le plus habituel pour tous les mouvements qui sortent de l'ordinaire et que le mouvement général, ainsi changé de sens, resterait exactement le même. La place donnée à l'inscription n'en est pas à elle seule une raison suffisante, parce qu'il était aussi facile de la mettre d'un côté que de l'autre. L'origine en est peut-être plus éloignée et due à une réminiscence involontaire. Qu'on se souvienne des compositions nombreuses, bas-reliefs, sarcophages, antéfixes en terre cuite, où l'Antiquité a représenté les Ménades et les Bacchantes; l'on se rappellera que, soit dans la partie gauche des compositions dont les lignes s'équilibrent avec la partie droite, soit même dans des figures isolées, il existe plus d'un motif de Bacchante à moitié nue, s'agenouillant à demi sur le socle d'un Terme dont son bras gauche entoure la gaîne. Le mouvement est violent, dans un sentiment de fureur orgiaque ou de passion amoureuse, et l'aspect comme l'expression sont tout différents; mais il est bien possible que, modifiée par un souvenir inconscient et jaillissant à l'esprit de l'artiste sous sa nouvelle forme, ce ne soit l'une de ces Bacchantes, et aussi bien la plus ordinaire que la plus belle, qui soit ainsi, à distance, la cause du motif et du parti de la figure dont nous parlons.

Cela n'empêche en rien qu'il n'y ait là une inspiration véritable, un

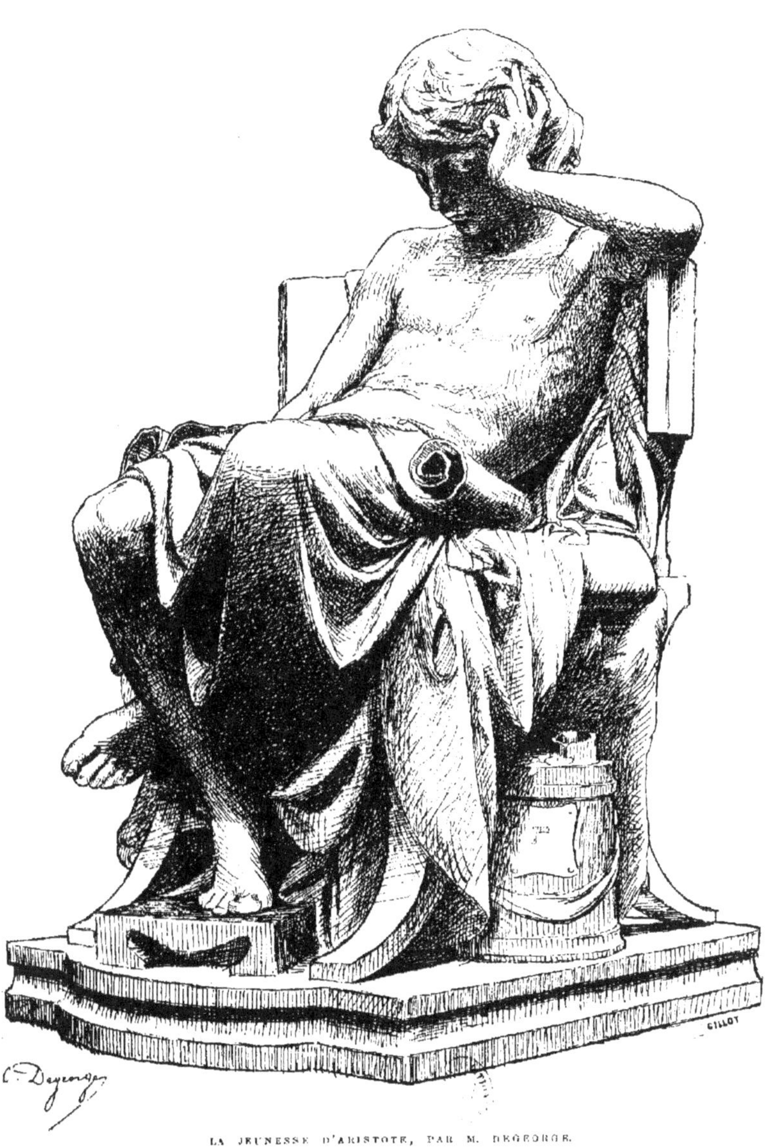

LA JEUNESSE D'ARISTOTE, PAR M. DEGEORGE.

(Dessin de l'artiste.)

sentiment général touchant et un mouvement de lignes des plus heureux. Le cippe est inachevé, et il faut enlever du marbre sur les côtés pour lui donner les courbes latérales et le couronnement qui sont indiqués : seulement, comme en fait la statue s'arrange à merveille avec les lignes droites du bloc, encore carré, sur lequel elle se détache et qui la défend contre les influences des milieux extérieurs et différents, il est important de veiller dans le monument à ce que, de trois quarts comme de face, la tête et le bras continuent à avoir un fond de marbre blanc et ne soient pas contrariés par un fond d'une autre couleur. En somme, sans avoir la tristesse d'un tombeau réel, de cet hommage commémoratif est sortie l'une des meilleures figures funéraires qui se soient produites depuis la touchante figure de Muse jetant des fleurs, que M. Millet a sculptée pour la tombe de Mürger. Nous eussions vivement désiré, ainsi que M. Chapu, en donner le dessin, mais les architectes du monument s'y sont formellement opposés.

C'est aussi une œuvre bien distinguée que la *Jeunesse d'Aristote*, de M. Charles Degeorge.

Le jeune homme, ou plutôt le jeune garçon, est appuyé sur le dossier demi-circulaire d'une de ces larges chaises sans bras, à siége profond et à pieds courbes, que Percier et Riesener ont copiées au commencement de ce siècle et sur lesquelles David et Canova ont assis plus d'une de leurs figures. Le siége est ici recouvert d'un coussin sur une peau de bête, et l'on voit entre les pieds la capsa ronde où sont serrés plusieurs volumen. Celui qui sera Aristote est nu, les jambes croisées, et porte sur ses genoux un volumen qui reste déroulé sur la draperie jetée sur ses cuisses. Dans le moment il ne lit pas, il réfléchit, le front sur son bras gauche dont le coude s'appuie sur le dossier de son fauteuil, pendant que son bras droit tombant tient la boule sonore dont le bruit le réveillerait, s'il l'oubliait et s'il la laissait tomber dans un bassin de bronze posé à terre. Les lignes nombreuses, produites par le fauteuil, la pose assise et les plis de la draperie, ne se heurtent pas, mais se fondent dans un ensemble harmonieux. Quant à l'expression de la tête, elle est heureusement simple, ni sentimentale, ni maladive, et ne glisse pas davantage dans l'exagération pour avoir à exprimer le génie, ce qui fait souvent tomber dans la grimace. Aristote est là, jeune, sérieux, intelligent, réfléchi ; il n'est pas encore le grand homme, mais celui qui le deviendra.

Si le groupe de M. Mercié, *Gloria victis*, paraissait au Salon pour la première fois, il serait du nombre des sculptures les plus justement remarquables ; mais on l'a vu en plâtre l'année dernière et il a eu tout le

succès dont il était digne. Maintenant, et surtout ici, il serait inutile de
le décrire, tant il est bien connu ; mais il faut faire à son sujet une

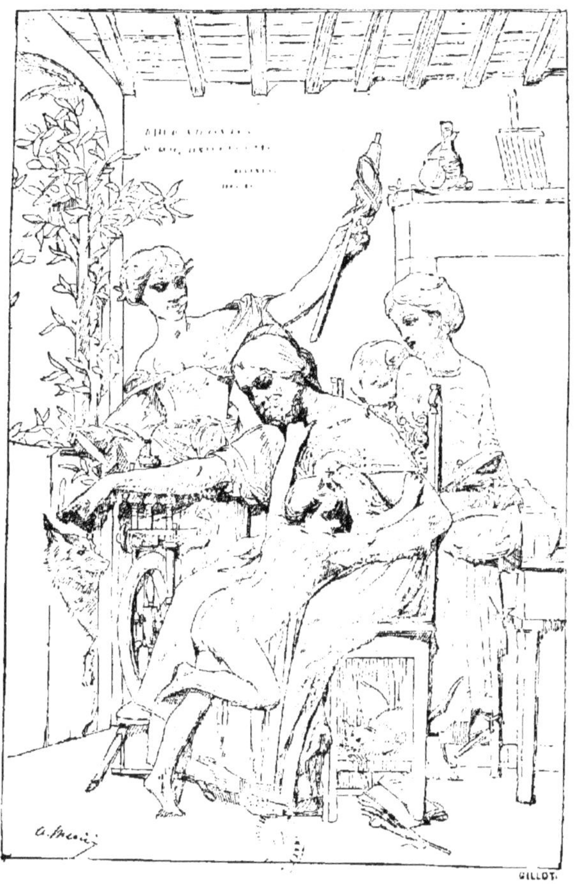

LE LOUP, LA MÈRE ET L'ENFANT. (Bas-relief en bronze, par M. Mercié.)

Croquis de l'artiste.

remarque bien importante, c'est qu'en gardant son intelligence, comme
la franchise de son jet et de son mouvement, il paraît presque maigre
et un peu petit. Cela tient à deux causes : la première, la moins

considérable, est qu'il était d'abord en plâtre et qu'il est maintenant
en bronze; or le bronze amincit toujours, et, en thèse générale, le
modèle de ce qui doit être en bronze doit être tenu plus large, et même
un peu épais, parce que la couleur même du métal allègera l'objet pour
les yeux. La seconde cause est qu'il est placé trop au-dessus de l'œil. Le
piédestal, sur lequel on le voit maintenant, est, paraît-il, de la hauteur
exacte du piédestal définitif sur lequel le groupe doit être élevé. Quand
on pense — excepté pour les sculptures architecturalement ornemen-
tales, quelle que soit d'ailleurs leur valeur — qu'un sculpteur conçoit
et exécute son modèle sur une selle, il en résulte, même involontaire-
ment, que l'œil de l'artiste arrive et que celui du spectateur doit facilement arriver à la moitié de la hauteur de la figure. S'il faut s'éloigner
trop pour que ce résultat se produise, la figure n'est plus qu'une décoration, ou, si l'on est trop près, elle se déforme dans cette perspective de
bas en haut; or c'est ce qui arrive au groupe de M. Mercié, et, de loin
comme de près, la tête de la femme paraît trop petite. Comme il en est
temps encore, l'architecte peut modifier son projet et, pour laisser dans
sa valeur l'œuvre qu'il doit accompagner et suivre, descendre le piédestal
de trois pieds au moins et peut-être davantage. C'est une proportion
qu'il faudrait presque essayer en place pour en être sûr; mais de toute
façon, si on laisse le groupe à cette trop grande hauteur, ce qui est au
reste le cas de beaucoup trop de piédestaux de statues isolées, l'œuvre
de M. Mercié perdra de ses qualités, et on lui créera ainsi un défaut
qu'elle n'a pas en elle-même et que cette élévation exagérée lui donne seule.

En même temps M. Mercié a un curieux bas-relief, dont il a pris le
sujet dans la fable de La Fontaine, *Le Loup, la Mère et l'Enfant*. Le
loup passe la tête à la porte; la mère, ou plutôt la grand'mère, assise à
côté d'un rouet, tient l'enfant nu dans ses bras; la composition est com-
plétée par une grande sœur tenant une assiette, par une jeune femme
tenant sa quenouille et sa fusée, et même par le chat dans les barreaux
de la chaise. Cela est habile, à la fois naturel et réaliste, du meilleur
Millet si l'on veut; mais c'est peut-être trop fouillé, trop en relief, trop
curieux et trop pittoresque pour de la sculpture. Toutes les qualités
spirituelles de composition et de détail sont dans le dessin; mais c'est
autre chose qu'un bas-relief, qui demande plus de simplicité. Quelqu'un
a fait devant moi une réflexion qui m'a paru bien juste : c'est que ce
morceau est traité dans le sentiment du meuble et qu'il ne ferait jamais
mieux qu'encastré dans un panneau. Encadré d'une forte moulure de
bois sculpté, rejeté en arrière par deux cariatides, symbolisant la Fable
et la Poésie, surmonté, au-dessus de la corniche, par un buste de

La Fontaine, il ferait le centre d'un très-riche ensemble, dans lequel l'exagération du relief se perdrait pour ne laisser voir que la qualité spirituelle et, je le répète, pittoresque de la composition.

Puisque nous venons de parler de bronzes, restons dans le même ordre de sculptures. Avec la *Sirène* de M. Aubé, l'un des meilleurs est certainement le *Rétiaire* de M. Noël. Il est nu, avec une ceinture au milieu du corps, et marche lentement en se penchant et en se ramassant pour jeter en avant d'une façon sûre le grand filet qu'il tient derrière lui. A terre est sa fourche à trois dents, brisée dans une première passe avec le *secutor*, qui va le réattaquer. Aussi, comme il n'a plus d'autre arme que son filet, il regarde bien, avec une attention forte et tout entière au danger qui le menace. C'est une figure bien d'ensemble, et son mouvement, tout en forçant à supposer une seconde figure qui est absente, reste, dans sa violence contenue, simple et sans exagération.

D'autres statues sont tout à fait bizarres, d'abord le groupe de Macaire et du chien de Montargis lui sautant à la gorge, par M. Debrie, qui a choisi là un sujet bien peu sculptural, mais surtout l'Homme de l'âge de pierre, dansant lourdement en tenant une tête d'ours. Je ne doute pas que son air de brute ne soit dans le sens de la vérité ; je ne doute pas non plus que M. Frémiet, qui est à la fois très-habile et très-consciencieux, n'ait, comme il le dit, reconstitué son sauvage sur des fragments humains de l'époque ; mais ces fragments ne peuvent être que des os qui laissent absolument ignorer non pas la forme constitutive, mais l'aspect des parties molles extérieures, les seules que la sculpture puisse rendre. M. Frémiet, qui s'est donné beaucoup de mal, est-il bien sûr qu'il n'y ait pas eu à cette époque-là des hommes moins laids que le sien, et la sculpture ne vit guère en dehors de la beauté.

Le *Jeune Spartiate*, de M. d'Épinay, qui se laisse déchirer le sein par le petit renard qu'il cache sous son manteau, est un sujet peut-être cherché, mais intelligemment traité. L'enfant assis, les jambes croisées, lève la tête et grimace un sourire, pour dissimuler sa douleur que révèle la crispation du pouce de l'un des pieds.

Il ne me resterait comme bronze qu'à citer la figure debout, très-simple, mais d'une bonne tournure, de Mahomet-Bey Lazzogloer, premier ministre de Méhémet-Ali, auquel M. Alfred Jacquemart a conservé l'ancien costume turc, avec le turban, le long manteau ouvert à larges manches et le pantalon bouffant, et qui doit être élevée sur une place du Caire, si je ne tenais à indiquer au moins le *Christophe Colomb* de M. Charles Cordier, qui est en dehors de l'Exposition, du côté de la grande avenue des Champs-Élysées.

C'est un vrai monument, aussi important que celui élevé à Gênes, à côté du palais Doria et du débarcadère du chemin de fer. Celui-ci, qui est destiné à Mexico et qui est dû à la libéralité patriotique de M. Antonio Escandon, est composé d'un premier grand soubassement carré à bossages unis, décoré de bas-reliefs et d'inscriptions; cette base porte un second piédestal, peut-être un peu haut, sur lequel est debout Christophe Colomb, enlevant le voile qui couvrait le globe du monde. Aux angles des quatre coins, sont assises quatre figures de missionnaires, celles de Las Casas, du Père Juan Perez de la Ravida, de Don Diego de Deza et d'un quatrième moine, dont les silhouettes se profilent sur le ciel avec un véritable caractère de grandeur et de sévérité.

Puisque je viens de finir les bronzes par une statue de grand homme, parlons des œuvres en marbre de même nature, et d'abord de la statue de Jeanne d'Arc, qu'on ne saurait trop honorer, mais qui n'est pas heureuse cette année. Sur trois statues, deux ne comptent guère. Dans l'une elle est sur le bûcher, très-tourmentée et un peu trop en façon de sainte de la rue des Saints-Pères. Dans une autre, celle de M. Albert Lefeuvre, où elle est en paysanne maigrichonne avec sa quenouille et sa fusée, le tronc sur lequel elle s'appuie est bien haut, et les arbres sont rarement favorables à la sculpture. Celle de M. Frémiet est plus considérable, mais elle a aussi ses défauts. Je n'ai pas à parler de sa statue équestre de la place des Pyramides, qu'on a beaucoup critiquée, à mon sens très-injustement; c'est de beaucoup la meilleure figure de Jeanne d'Arc qui ait encore été faite. Elle a étonné à cause de son armure d'homme d'armes, qui est cependant toute la vérité, puisque l'un des prétextes de sa condamnation a été d'avoir repris des vêtements d'homme dans sa prison. Sous ce rapport, il n'y aurait rien à dire au vieux tableau récemment exhumé et dont on a beaucoup parlé, si le personnage, où on veut la voir à côté de la Vierge et qui est en pendant d'un saint Michel, n'était pas très-probablement un saint George; mais, outre les témoignages contemporains, la curieuse et authentique statuette équestre de la collection de M. Carrand, qui a dû servir d'enseigne en haut d'une hampe, nous la montre entièrement vêtue d'une lourde armure masculine. M. Frémiet, dans cette nouvelle figure, a-t-il cédé au sentiment de surprise du public, et, tout en ne sortant pas du costume de guerre, a-t-il voulu forcer l'opinion à lui revenir en faisant autrement et en féminisant l'armure? Toujours est-il qu'au-dessous du casque il a fait par derrière tomber sur ses épaules ses cheveux dénoués; qu'il lui a mis un habit de mailles, qu'on voit par derrière sur les cuisses et, par devant, sur la poitrine au-dessus de la cuirasse, qui s'arrête au-dessous des seins comme une pièce de cor-

sage, et qu'il a fait pendre de la pointe du casque un voile long, assez
peu heureux, et si étroit qu'avec du vent il flotterait au loin comme
la flamme d'une lance. J'ai oublié de dire qu'elle était agenouillée; mais

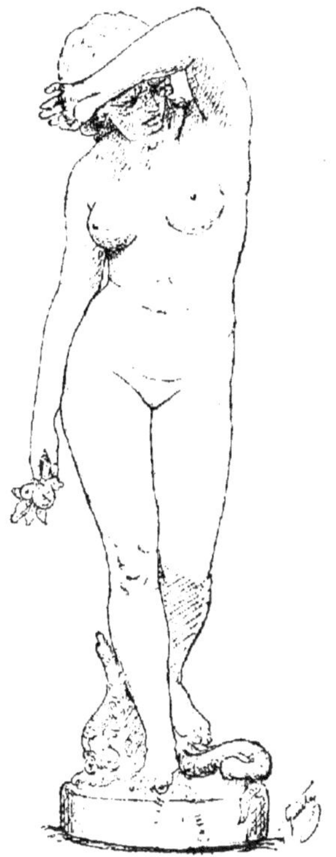

ÈVE, PAR M. QUITTON.

Croquis de l'artiste.

les cuisses sont trop pliées, et la motte de terre, qui lui sert comme de
prie-Dieu, donne à la figure quelque incertitude comme stabilité. Peut-
être eût-il mieux valu prendre franchement le parti traditionnel de l'age-
nouiller à angle droit, comme dans les vieilles figures funéraires; la
statue en eût été plus simple et par là meilleure. Je m'en tiens, comme
on voit, à la première statue de M. Frémiet, qui me satisfait bien
autrement.

M. Préault, qui a été le fougueux romantique que l'on sait, s'est bien *assagi* depuis. Il a envoyé cette année une grande statue de Jacques Cœur, en longue robe et debout, certainement destinée à la ville de Bourges. Rien de plus simple ; elle ne donnerait aucune idée des audaces et des fantaisies violentes des anciennes œuvres de l'artiste, qui sortait de la sculpture à force de chercher l'effet et de tendre à la poésie. Son *Jacques Cœur* n'a pas ces prétentions, et s'en trouve en somme fort bien. Au contraire, M. Bartholdi a cherché à mouvementer et à rendre pittoresque la grande statue de Champollion le jeune, qui doit être commandée pour Grenoble ou pour Figeac, où il est né, et que mérite pleinement celui qui a donné à la France l'honneur de découvrir le premier les lois de l'interprétation des hiéroglyphes. Le costume du savant de 1802, avec son habit étriqué, avec sa culotte collante et à pont, avec ses courtes bottes à l'écuyère, était difficile à mettre en valeur. M. Bartholdi, qui s'entend à donner à un monument l'esprit de son sujet, témoin sa jolie fontaine de Martin Schœn à Colmar, — car, malgré la terminaison méridionale de son nom, il est Alsacien, — a posé sur une grosse tête de sphinx brisé la jambe gauche du savant, ainsi très-relevée, et combiné ce mouvement avec celui du bras qui porte la tête et s'appuie sur le genou.

Des représentations en pied il est facile de passer aux bustes. J'ai parlé de celui du dernier archevêque de Paris ; après lui, le meilleur buste d'homme du Salon est celui, par M. Crauk, de M. Prugneaux en redingote. L'on doit citer l'Honoré de Balzac de M. Vasselot, qui a bien conservé, sans vulgarité, la grosse tête et les longs cheveux plats du modèle ; — en bronze, le buste d'Alexandre Dumas, fait en 1854 par M. Étex, où cependant il y a un faux air de Lablache ; de M. Claudius Popelin, l'émailleur, par M. Guilbert ; du docteur Parrot et du peintre Henner, par M. Paul Dubois ; — en terre cuite, le buste très-ressemblant de M. Egger, par M. Cougny, et celui très-vivant de M. Febvre, de la Comédie française, par M. E. Doublemard.

Dans les bustes de femmes, qui sont très-nombreux, je citerai d'abord : en plâtre, Mlle Georgette Olivier, du Palais-Royal, par M. Laurent-Daragon ; en terre cuite, Mme B..., par M. Guillemin, remarquable entre autres par l'habileté du châle de dentelle posé sur les épaules ; — en bronze, la petite et jeune tête de Mlle Marthe, par M. Carlier ; — en marbre, Mme H..., par M. Iselin ; — par Mme Fina Nicolet, Mme G. N..., avec une pâquerette à son corsage ouvert en peignoir, et Mlle M. N..., avec une rose à son corsage coupé en carré, — et surtout Mlle M. Magnier, du Gymnase, par M. d'Épinay, dont nous donnons le dessin. Les bustes

en marbre de Mme de T... par M. Barrias, de Mme Ratazzi par M. Clésinger,
qui a mis bien des recherches un peu puériles dans les colorations des

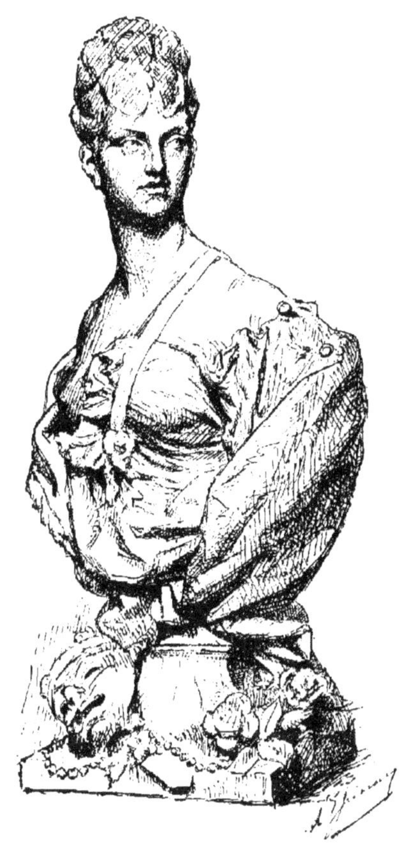

(Croquis de l'artiste.)

rubans, de Mme D..., par M. Declercq, appartiennent à la série des bustes
presque en demi-corps avec les deux bras, ce qui ne donne pas l'importance et le résultat qu'on en attend. On en a fait dans la première moitié
du XVIIIe siècle, et il n'est pas facile de se tirer du motif avec autant

de bonheur; mais en soi le parti est plutôt malheureux. Le buste est forcément une convention qui n'a rien du caractère général de la composition d'une statue, et ne comporte pas une pose trop accusée. Avec les bras, c'est un morceau de statue cassée, ce qui est désagréable à l'œil, et l'on en arrive fatalement au maniérisme par la nécessité de perdre et d'entourer la coupure dans des draperies, toujours invraisemblables, et qui ne pourraient pas se continuer plus que le corps. C'est en somme une recherche bâtarde et de décadence, qui tourne facilement à la prétention et à l'afféterie; les bras y sont bien autrement difficiles à arranger que dans une figure entière et arrivent le plus souvent à un arrangement antinaturel. A plus forte raison ne faut-il pas y ajouter des accessoires d'architecture et ne pas accouder un buste de femme à une portion de balcon. C'est encore pis que l'inévitable morceau de balustrade avec lequel les photographes font promener leurs modèles.

Ce sont aussi des bustes qu'un certain nombre de têtes de fantaisie, dont quelques-unes sont agréables; ainsi, par M. Aizelin, une tête d'Ophélie, qu'un sculpteur anglais ou américain voudrait bien avoir faite, et une tête de Marguerite sortant de l'église, les yeux baissés, habillée, comme dans un tableau de Leys, avec une coiffe et un manteau uni à petit col recourbé. Le *Printemps*, par Mme Léon Bertaux, est une sorte de jeune Mercure avec des ailes de papillon dans les cheveux. La tête, en bronze d'une zingarelle, en calotte et avec un collier de sequins, faite par M. Charles Toppfer à Rome, en 1873, et traitée en ébauche, ne manque pas de caractère.

Le buste de Christ de Mme Marcello est d'un sentimentalisme efféminé qui plairait plus en Italie qu'en France; mais sa tête de forte et belle Romaine avec un ruban dans les cheveux, et surtout sa *Phœbé*, avec une guirlande de fleurs, dont la tête fine se souvient de Coustou, sont relativement plus simples, et par là même plus sculpturales, que les bustes où elle s'inspirait des coiffures contournées et bizarrement pénibles de certains dessins de Michel-Ange. Comme il est impossible de l'égaler et même de l'imiter dans ses vaillances, il est inutile de le suivre quand il descend à la recherche des petitesses compliquées. La tête de courtisane, altière et inquiétante, où M. Desiré Ringel traduit les traits du *Succube* des *Contes* de Balzac, en la coiffant des longues barbes d'un riche bonnet à la normande, est, malgré ses bras, une œuvre qui demande le bronze. M. Eugène Robert est à citer pour son marbre élégant de la jeune princesse Marie de Toscane en costume du xvie siècle; l'épingle qui traverse les cheveux, et le petit col, courbé et découpé à jour, sont en ivoire curieusement travaillé. Cette juxtaposition de deux matières, dont l'une est dure et l'autre si facilement cassante, est curieuse pour une fois,

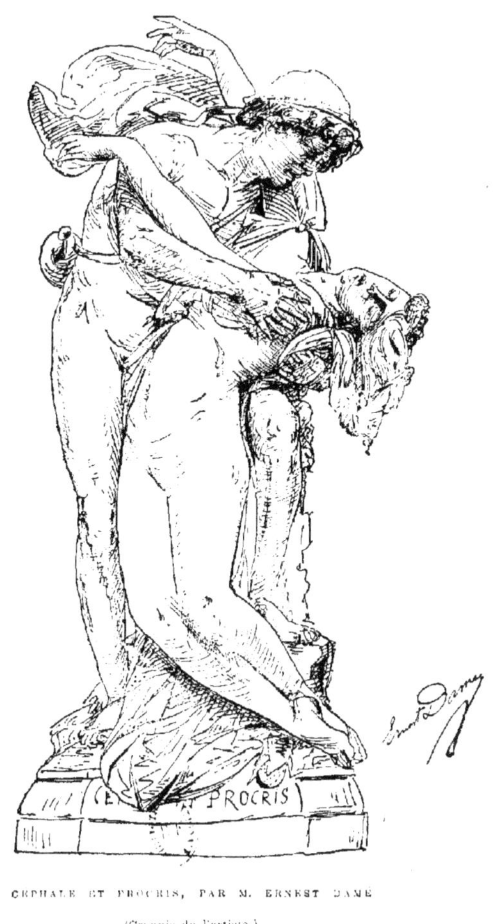

CÉPHALE ET PROCRIS, PAR M. ERNEST DAME

(Croquis de l'artiste.)

mais il serait peu heureux de voir répéter ce qui ne peut être qu'une exception.

Ajoutons que, dans ces têtes de fantaisie, la meilleure, l'une même des

meilleures du Salon, est la tête de forgeron en marbre de M. René de
Saint-Marceaux. Il est aussi bien français que florentin, mais la tête est
vivante, forte et pleine d'accent dans sa laideur animée. C'est la
première chose de cette valeur que je voie de M. de Saint-Marceaux.
Est-ce seulement un hasard heureux? Les pointes en tous sens de son
buste de femme en bronze sont bien un peu inquiétantes; mais la tête du
forgeron n'en est pas moins d'une réalité très-vigoureuse.

Revenons aux statues dont les bustes nous ont éloigné, et d'abord
aux groupes. S'il fallait s'en rapporter à la taille, celui de M. Perraud
l'emporterait sans conteste. Un homme nu boit à l'amphore que lui
tend une femme. Il importe peu que la femme soit une Source, l'homme
un des Compagnons d'Hercule et que le groupe soit appelé le *Jour;*
l'homme, qui ouvre trop les jambes, n'a pas besoin de s'appuyer avec
cette force sur la taille de la femme. Dans cette grandeur, les détails
paraissent grossiers et sans accent; mais, comme l'œuvre est destinée à
l'un des jardins de l'avenue de l'Observatoire, elle pourra gagner, surtout par derrière où la ligne de la femme est heureuse, quand elle sera
isolée, encadrée d'arbres et vue de plus loin que dans la nef du Palais
de l'Industrie.

Le groupe en plâtre de *Céphale et Procris,* par M. Ernest Damé, est
une œuvre remarquable; les lignes n'en sont pas confuses, mais bien
pondérées, et la tête de l'homme est douloureusement passionnée. Le
sujet même rend impossible qu'on ne rentre pas dans la donnée du
groupe antique d'*Achille* et de *Patrocle,* et dans celui de la *Phrosine et
Mélidor* de Prud'hon. Toute figure d'homme, soulevant un corps inerte
et traînant à demi, sera penchée sur lui, et l'autre figure sera toujours
supportée sur son bras gauche, parce que le droit se réserve instinctivement la plus grande liberté du mouvement. Des conditions identiques
produisent forcément une certaine ressemblance, mais le groupe de
M. Damé, qui a eu raison de ne pas courir après le nouveau quand
même, est une œuvre vraiment sculpturale, digne de l'exécution, et que
nous espérons revoir, et au Salon et dans une belle place définitive.

C'est aussi une œuvre bien distinguée que la *Muse de l'Histoire* de
M. Janson. Elle est assise, tenant une plume d'une main et de l'autre
une grande tablette, et dans son immobilité elle présente un heureux
mouvement de lignes par la façon dont l'une de ses jambes s'étend dans
toute sa longueur, tandis que l'autre jambe, dont le pied est posé sur une
marche supérieure, se présente avec la flexion du genou. Les plis, mouillés
en rond comme ceux de la *Venus genitrix,* habillent noblement le corps,
et le contour général s'inscrit architecturalement dans un losange

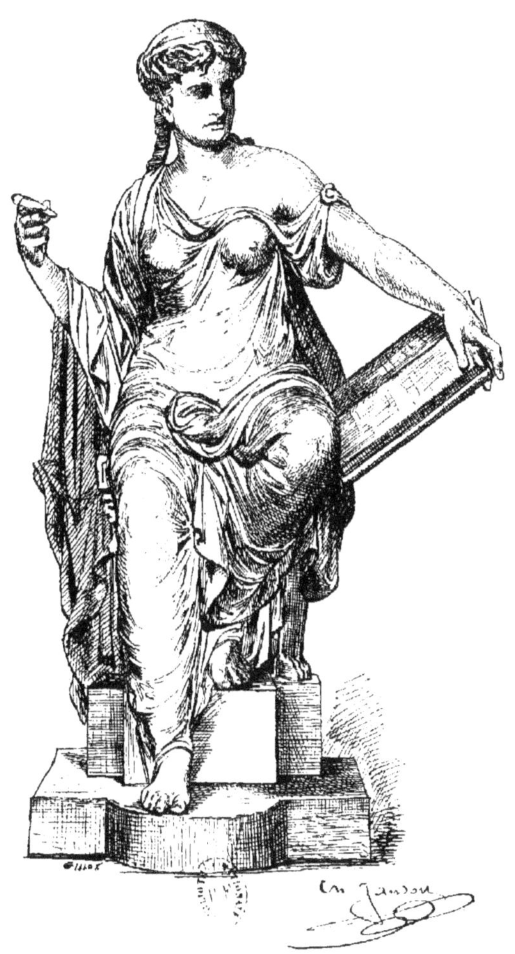

LA MUSE DE L'HISTOIRE, PAR M. JANSON.

(Dessin de l'artiste.)

allongé. En haut de la montée droite d'un bel escalier de lignes sévères, qui lui ferait un premier piédestal et y mènerait l'œil pour l'y arrêter, cette figure serait dans la condition vraiment monumentale pour laquelle elle a été conçue.

Ce que le public regarde le plus dans les figures de femmes ce sont les deux torchères de M. Itasse, placées naturellement des deux côtés de l'entrée, *le Baiser* et *la Rosée,* qui sont accompagnées d'Amours. La richesse a sa raison d'être dans un motif ornemental comme celui-ci, mais il serait bon de ne pas dépasser la mesure et de ne pas exagérer la polychromie des matières. Le sol est en mosaïque florentine de pierres dures; les bronzes, qui ont des parties en émail cloisonné, sont entièrement dorés, et tous les brillants de cet or empêchent de voir ce qui est en marbre. Les plis des draperies sont trop fouillés et trop cassés; le marbre onyx dont elles sont faites offre de lui-même tant de veines, de taches et de teintes, qu'il faut, comme l'a toujours fait M. Cordier, laisser à la forme plus de simplicité et de suite, sous peine d'arriver à une confusion absolue, produite par la contradiction trop répétée entre le jeu des lignes colorées de la matière et les formes de la draperie. Aux lumières, toute cette richesse brillera de manière à empêcher de voir l'œuvre du sculpteur.

Dans les autres figures de femmes, nous retrouvons les motifs que l'on reprendra toujours : l'*Hébé* debout, de M. Gustave-Frédéric Michel, qui se pâme en s'appuyant sur l'aile ouverte et dressée de l'aigle amoureux;— une *Laïs* tenant des bijoux, par M. Thabard, qui, dans sa réminiscence un peu mouvementée de l'aspect de la *Vénus d'Arles,* tiendra bien sa place dans une des niches de la cour du Louvre; — l'*Andromède* debout, de M. Charles Gauthier, attachée aux poignets par une chaîne dont les maillons carrés auraient pu être moins bien faits, mais dont la ligne est heureuse. L'*Ève au serpent,* de M. Guitton, destinée à être coulée en bronze et placée en avant du bâtiment des reptiles au Jardin des Plantes, est debout et met, pour se cacher, son bras au-dessus de son front en entendant la voix qui lui reproche sa transgression; le corps, élégant dans sa force, reste dans un mouvement simple, qui fait valoir les beautés de la poitrine et des jambes savamment étudiées et exécutées. Citons encore la figure funéraire de M. Bougron, agenouillée le long d'un tombeau; la figure de femme nue, assise sur un pouf et mettant l'un de ses bas, que M. de Kesel a appelée *Après le bain,* et *la Danse de l'abeille* de M. Charles Cordier; la femme, qui se meut sur le sol avec la lenteur alanguie des danses orientales, retient d'une main son vêtement qui sans ce mouvement glisserait à terre. Peut-être les jambes sont-elles un peu courtes, mais il y a dans le buste des morceaux d'une très-grande habileté.

Les statues masculines dignes d'être nommées sont peut-être plus nombreuses que celles de femmes. Citons d'abord le modè'e en plâtre, par M. Guillaume, d'un terme de faune, rieur et barbu, auquel un Amour tire la barbe et qui tient le canthare à deux anses particulièrement consacré à Bacchus ; ce motif a été compris par l'artiste dans un sentiment pittoresque où, avec une volonté de plus serrer la forme, il y a cependant une préoccupation du style du xviie siècle français.

L'*Orphée* nu de M. Desbois, qui n'est encore qu'en plâtre, est l'une des bonnes figures du Salon ; il joue de la lyre, assis et la jambe droite en arrière ; la tête, levée vers le ciel, est d'un mouvement passionné qui anime heureusement tout le corps. Le *Ganymède* de M. Pallez est compris dans un sentiment qui n'est pas ordinaire. Il tient déjà la coupe dont le divin breuvage commence à l'enivrer et à l'enlever à l'humanité, car il quitte la terre et s'enlève de lui-même plus qu'il n'est enlevé par l'aigle amoureux, dont les ailes éployées s'étendent des deux côtés de sa tête. Quant au *Démosthène* déclamant sur le bord de la mer, de M. Leroux, c'est un effort considérable dont il faut tenir grand compte. L'effet toutefois est bien violent. Car non-seulement son lourd manteau de laine est agité par le vent, mais, en l'étant dans tous les sens, il l'est d'une façon trop pondérée et trop égale. L'auteur ne se serait-il pas souvenu des plis harmonieux qu'on trouve dans les vêtements légers des danseuses d'Herculanum ou, bien plutôt encore, des adorables petites statuettes en terre cuite que les fouilles ont livrées à notre admiration depuis un certain nombre d'années. Leurs vêtements sont légers, — de l'air tissu, comme on disait, — et l'équilibre charmant de leur pondération rapide est la suite du mouvement rhythmique de la danseuse ; M. Leroux ne l'aurait-il pas transporté à une autre étoffe et à un autre sujet, et n'aurait-il fait que le dramatiser ? En tout cas il y est moins vraisemblable et inquiète l'œil plus qu'il ne le satisfait.

J'indiquerai plus rapidement d'autres figures, qu'il convient de mentionner : — par M. Charles Lenoir, un *Jeune Faune* assis et tenant deux coqs de combat, dont l'un est à côté de ses pieds et l'autre sur son épaule droite ; — la *Rêverie*, par M. Laforesterie, jeune homme nu, assis à terre, coiffé d'un chapeau de berger et tenant ses deux genoux dans ses mains ; — le *Brennus* apportant la vigne, de M. Taluet ; — par M. Baujault, le *Jeune Gaulois* élevant au dessus de sa tête le gui qu'il a découvert, et qui pourrait crier un peu moins ; — par M. Alfred Lenoir, un *Saint Sébastien* avec des cheveux ombrageant sa tête, peut-être un peu féminins, et auquel un petit ange apporte la palme du martyre ; — enfin le *Prisonnier* attaché à un arbre, de M. Destrooz. C'est un sujet de la dernière guerre, mais, comme la figure est sans vêtement et que le type de la tête n'a pas un type local de paysan suffisamment accusé, ce n'est qu'une figure nue. Un peu plus ce serait un Marsyas, ce qui serait un meilleur sujet, car, lorsque la nudité intervient, l'Antiquité est encore le meilleur milieu.

Par le *Petit Justicier*, de M. Guilbert, qui tient par le cou un chat coupable, dont la mine piteuse est fort réjouissante, nous arrivons à la sculpture de genre. On y a remarqué, de M. Briois, une statuette d'enfant, *Giotto*, assis à terre et dessinant un mouton dans le sable, et, de M. Toselli, un jeune *Tasse* qui se souvient de l'élégance des œuvres, dans cette donnée, de Bosio et de Triqueti. *Pâques fleuries*, de M. Voyez, est une mince jeune fille, coiffée de courtes nattes tombantes, vêtue d'une robe collante du xve siècle et tout unie, sauf deux petits crevés aux coudes, qui, son livre d'une main et un rameau de buis dans l'autre, descend les marches d'une église. On ne saurait trouver de contraste plus parfait avec le *Saltimban-que*, en maillot et en caleçon pailleté, de M. Félix Martin ; mais pourquoi est-il de grandeur naturelle ? Il aurait suffi d'une statuette. L'*Alsacienne* portant un enfant, de M. Geoffroy le fils, qui comporte cependant la grande dimension, serait peut-être plus agréable si elle était réduite de moitié. Cette question de mesure appliquée à la nature du sujet et au senti-ment dans lequel il est traité n'est pas sans difficultés, et l'on en a ici sous les yeux un exemple frappant dans une œuvre plus importante.

On se souvient du succès qu'a eu le petit modèle du groupe que M. Delaplanche appelle l'*Éducation maternelle*. La tendresse et la bonté patiente de la femme du peuple assise, qui apprend à lire à sa fille, et l'attention de l'enfant debout à côté d'elle y sont d'une nature et d'un sentiment très-justes. Cette année, il est exécuté en marbre de grandeur naturelle, et l'on s'étonne de le trouver froid, un peu vide, en même temps qu'on se demande où il serait vraiment à sa place, car, étant de cette taille, il a besoin de ne pas avoir à lutter contre des statues plus variées et plus frappantes. Cette légère inquiétude ne vient que de la taille trop grande et surtout de la matière ; le marbre demande ou le nu, ou des mouvements de draperies, ce qui manque. Le bronze l'aurait mieux soutenu, et sa place toute naturelle serait au centre de la cour d'une grande école primaire.

Barye, l'animalier de génie qui vient de s'éteindre à l'âge de soixante-dix-neuf ans, n'avait pas exposé, mais nous avons sous les yeux un beau groupe de M. Caïn, qui est réellement monumental. C'est un lion et une lionne, qui se disputent un sanglier. La femelle est un peu en

arrière, et le mâle, peu galant, en prenant possession de la bête, donne
sur l'épaule de sa compagne un bon coup de patte d'avertissement pour

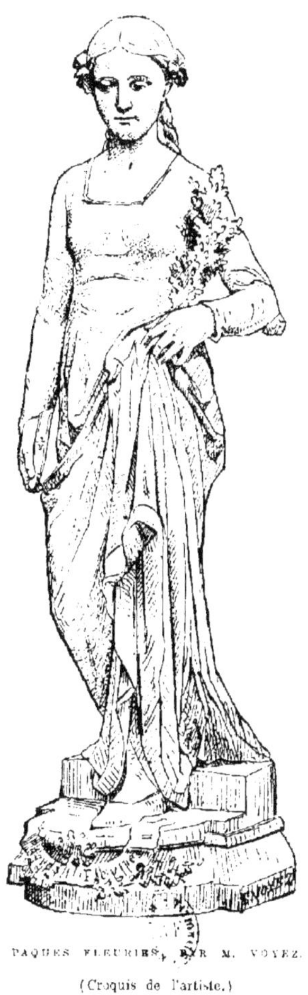

PAQUES FLEURIES, PAR M. VOYEZ.

(Croquis de l'artiste.)

la rappeler à l'obéissance conjugale. On voit le frémissement des corps
comme des gueules, et l'on pense au rugissement de ces grands fauves
emportés par le désir violent de cette belle lippée. Rien de plus juste

comme passion animale et de plus net comme ligne. Ce serait un bien beau groupe en bronze à mettre dans un grand jardin.

Nous ne quitterons pas les salles de l'Exposition sans consacrer quelques lignes aux repentirs de la dernière heure, c'est-à-dire aux oubliés par le fait de confusions de notes et de *lapsus* de mémoire, et sans citer au moins la *Léda* de M. Courtat; les belles marines hollandaises de M. Van Hemskerke; les grands paysages de MM. Busson et Hanoteau; l'idylle de M. Émile Lévy; l'imposante vue du Tibre, *flavus Tiberis*, lé fleuve aux eaux jaunes, de M. Jules Didier, les portraits de M. Tiburce de Mare et le grand et très-curieux carton de vitrail de M. Hussenot. Nous rectifierons enfin l'erreur typographique qui nous a fait attribuer à M. Émile Breton, l'habile paysagiste, qui lui-même expose trois tableaux, la belle composition de M. Jules Breton, *les Feux de la Saint-Jean*.

XII

Il y aurait en réalité à parler longuement de l'architecture. Le public n'en tient guère de compte, et il a tort; il est peu d'années où ce coin perdu du Salon n'offre des choses ou belles ou intéressantes. En dehors des projets, plus difficiles à juger pour la majorité des visiteurs, les études des anciens édifices de la France, faites la plupart pour la belle suite de la Commission des monuments historiques, qui a heureusement échappé aux stupides incendies de la Commune, sont toujours du plus grand intérêt. C'est comme un voyage, dans lequel on revoit, et sous un aspect nouveau, ce qu'on connaît déjà, et aussi ce qu'on ne connaît pas encore et que l'on ne verra peut-être jamais. Mais le Salon est fermé maintenant, et cette année une étude sérieuse, qui appartient si bien à l'esprit de la *Gazette*, serait tardive et, en un sens, inutile. Ce que nous allons en dire trop rapidement n'est que l'expression très-sincère de notre regret de ne pas nous étendre davantage sur un sujet aussi important. L'espace et le temps nous forcent à le remettre, mais nous tenons au moins à ne sembler ni le méconnaître, ni l'oublier.

Dans la partie moderne, on revoit naturellement plusieurs des projets qui avaient été envoyés au concours de l'église de Montmartre, comme aussi beaucoup de monuments funéraires érigés ou à ériger en commémoration des victimes de la guerre. Le projet de reconstruction de la grande église de Saint-Martin à Tours, par M. Baillargé, serait fort à discuter, car, si le plan en est judicieux, l'habillement de la forme et la décoration sont empruntés à des sources disparates. Il y a là un mélange trop divergent de roman auvergnat, de roman de l'Ile-de-France du xiii° siècle, de clochers repercés comme on n'en a fait qu'au commencement du xvii° siècle, même de néo-gothique et d'imitations de l'Opéra.

Citons aussi, parmi les projets contemporains, celui de M. Paul Lorain pour la construction provisoire qu'on avait espéré un moment élever place du Carrousel, en avant du petit arc de triomphe, pour l'exposition des Musées de province. L'idée sera certainement reprise plus tard; elle était trop honnête, trop favorable aux véritables intérêts des Musées de province, trop curieuse pour le public, trop utile à l'histoire de l'art, pour ne pas aboutir un jour. Espérons que ceux qui y réussiront rencontreront moins d'indifférence et de fausses protestations de concours, moins de mauvaise volonté, moins d'attaques personnelles, directes ou voilées, et même, ce qui ne gâtera rien, un peu moins d'impolitesse.

Comme toujours, c'est la partie archéologique qui reste la plus intéressante, et l'Antiquité Romaine, cette mère nourrice de tous nos arts, y est brillamment représentée par les belles études de M. Dutert sur le Forum, qui ont obtenu à si juste titre la médaille de première classe, et par celles de M. Scellier sur le mont Palatin.

Pour le moyen âge, ce sont les études sur les châteaux qui ont le pas : celles de M. Viollet-le-Duc sur Pierrefonds; de M. Eugène Millet sur Saint-Germain-en-Laye; de M. Corroyer sur le Mont-Saint-Michel, cette étonnante merveille de l'architecture religieuse, civile et militaire; de M. Benouville sur le petit château, peu connu et datant du xvi° siècle, de Graves près Villefranche de Rouergue; de M. Lafollye sur le château de Pau. Pour les églises, elles sont pour la plupart romanes; ce sont : par M. Formigé, celle de Conques, bien connue par les études archéologiques sur son trésor, de MM. Mérimée et Darcel; — par M. Boudin, l'église du Dorat (Haute-Vienne); — par M. Mimey, l'abside du Puy; — par M. Bruyerre, Notre-Dame d'Orcival dans le Puy-de-Dôme; — par M. Lisch, l'église de Surgères dans la Charente-Inférieure avec les deux cavaliers de sa façade; — par M. Gion, ce qui reste à Soissons de Saint-Pierre-au-Parvis. Parmi les églises plus récentes, nous devons à M. Boeswillwald des études sur Saint-Serge d'Angers, à M. Baudot celles sur Saint-Nicolas de Blois, à M. Ruprich-Robert celles sur les églises d'Ouistreham et de Bernières dans le Calvados, et à M. Lisch la façade de l'élégante chapelle seigneuriale du château de Thouars. Des portions d'édifices sont même étudiées en détail; ainsi nous devons à M. Louis Sauvageot l'heureuse restitution du jubé construit au xv° siècle dans l'église de Fécamp et maintenant en morceaux, comme aussi à M. Deschamps une vue du Puits-de-Moïse, l'un des chefs-d'œuvre de la sculp-

ture bourguignonne et même de l'ancienne sculpture française. Il y a
moins de travaux sur l'architecture étrangère; M. Frampton nous fait
cependant connaître le réfectoire et la tour de Beaufort dans l'hôpital
Sainte-Croix à Winchester, M. Lecomte la grande mosquée de Gaza, qui
est une église du temps des croisés, et M. Savoulesco la petite église
d'Arges en Roumanie, si curieuse avec ses dômes bulbeux et ses placages
de mosaïques du xve siècle. Il y aurait beaucoup à dire sur tout cela;
aujourd'hui je ne puis pas même l'indiquer.

XIII.

D'ailleurs il y aurait peut-être infiniment à faire, aussi bien pour
l'architecture, qui est le grand art, celui qui contient tous les autres et
duquel ils sont tous sortis, que pour les arts accessoires qui se sont successivement joints aux tableaux du Salon.

L'exposition en réalité ne devrait comporter que deux choses : la peinture et la sculpture. Déjà l'on ne regarde guère la dernière ; les femmes vont
s'y asseoir et voir les fleurs ; la plupart des hommes n'y restent que pour
fumer un cigare. Quant à la peinture, ce qui est le plus vu dépend absolument de la porte par où entre le public ; il examine trop la première
salle, assez bien les deux ou trois qu'il voit ensuite, à peine toutes les
autres parce que la fatigue est venue, et elle vient vite à ceux qui ne
voient des tableaux que par curiosité, sans aimer vraiment la peinture
et sans avoir l'habitude de la regarder sérieusement. Tout le reste, pour
le public, demeure non avenu ; il n'en voit rien, car il n'y met pas les pieds.
Sauf les premiers jours, où l'on y rencontre les artistes eux-mêmes, leurs
amis et les vrais curieux, les quatre grands balcons en couloir où sont
l'architecture, les dessins, la gravure et les faïences, sont absolument
le désert. D'un côté, c'est un abandon immérité, et de l'autre ceux qui
n'y vont pas y regarderaient, s'ils y allaient, bien des choses avec plaisir.

Le remède ne serait-il pas dans des expositions spéciales et séparées ?
Celles, plus restreintes, si intelligemment faites par l'initiative de quelques clubs et aussi celles où ne figurent que les œuvres d'un seul artiste,
montrent que le public se dérange pour autre chose que pour le Salon.
De plus, le succès des expositions d'aquarellistes et d'aqua-fortistes, qui
sont courantes en Angleterre, fait la même preuve. Ces dernières seraient
peut-être ici trop spéciales et exclusives ; mais une exposition composée
de toutes les espèces de gravure et de lithographie serait bien autrement
intéressante et se verrait beaucoup mieux que le coin presque honteux

où elles sont aujourd'hui comme reléguées dans le grand pandémonium du Salon. Dans une autre exposition, celle qui comprendrait tout ce qui n'est pas de la peinture, les dessins de tout genre et les aquarelles auraient aussi bien plus d'importance qu'au Salon. Le peintre qui a des tableaux n'envoie pas toujours en même temps un carton, une étude, ni une aquarelle; dans une exposition spéciale, il en enverrait pour y figurer aussi, et le public verrait bien des choses qui actuellement ne lui sont jamais montrées. En tout cas ce qui y serait exposé serait vu parce qu'on irait exprès pour le voir. Il en serait de même de l'architecture; si elle avait l'honneur d'une exposition distincte, au Palais des Beaux-Arts par exemple, dans la salle de la *Melpomène*, où elle serait tout à fait à sa place, le public la tiendrait en bien autre estime du moment qu'on la lui ferait réellement considérer comme une chose qui mérite d'être exposée à part. Il y viendrait bien plus de monde qu'on ne croit, et ces visiteurs volontaires regarderaient et connaîtraient. Je n'ai parlé ni de la céramique ni des émaux, parce qu'en somme ces arts sont toujours bien incomplètement représentés aux Salons, qui n'en donnent aucune idée. La plupart du temps les belles choses n'y viennent pas, et il s'en glisse de bien médiocres qui ne sont que de l'art industriel. Les expositions spéciales, celles de l'Union centrale par exemple qui ont sur ce point une bien autre valeur, suffisent d'ailleurs parfaitement.

En somme il y a là une réforme à entreprendre. En même temps que le Salon lui-même serait plus restreint et par là même plus remarquable, ces trois expositions distinctes d'architecture — de gravure — de dessins et d'aquarelles, — auraient non-seulement plus de valeur que dans l'ensemble où elles sont perdues; mais de plus — ce qui est le vif et le vrai de la question — elles seraient suivies et regardées, ce qu'elles n'obtiennent pas, bien qu'elles aient tous les droits à l'être. Le public et les artistes y gagneraient donc également.

XIV.

Maintenant, et pour finir, je tiendrais à dire quelques mots du livret lui-même, dans sa forme matérielle. On l'a ramené à un prix régulier de un franc, et l'on a bien fait. Un livret, qui s'achète en quelque sorte forcément, et qui se vend ici à plus de milliers d'exemplaires qu'on ne le pense, — il s'est vendu cette année à 51,509 exemplaires, — fait toujours ses frais et bien au delà. Il faut même mettre un livret de musée à bon marché; on ne le réimprime que quand il va s'épuiser, et à ce

moment il y a longtemps qu'il ne coûte plus rien. Les livrets de musées
ne sont d'ailleurs pas ici en question ; mais une chose certaine, à propos
du livret de l'exposition, c'est qu'il est trop gros, et par là même si
incommode qu'on voit à l'exposition tout le monde le porter sous le
bras ; personne ne le tient à la main, et, depuis qu'il grossit, on le
consulte de moins en moins, les femmes surtout ; ce gros volume ne
s'arrange pas avec leurs petites mains gantées ; elles l'achètent, elles
l'emportent, mais elles ne s'en servent pas. Le défaut est que le caractère est trop gros et qu'il y a trop de blanc.

Il est juste, naturel et utile de mettre en tête la liste des artistes
antérieurement récompensés. Aucun des visiteurs à coup sûr ne s'en
sert au Salon même, mais on la retrouve plus tard une fois dans la bibliothèque, et c'est un renseignement historique précieux. Malheureusement
elle occupe près de cent cinquante pages, et il serait facile de la faire
tenir en moins de cent. Il y a par exemple toute une colonne de blanc,
c'est-à-dire toute une colonne perdue, pour isoler en tête l'indication
H. C. (Hors concours). Il est probable que cela est fort commode pour
les opérations du Jury, mais la même utilité existerait en mettant cette
indication en lettres grasses sans perdre de blanc au commencement de
toutes les autres lignes. La suppression des coupures et des blancs pro-
duits par les lettres de l'alphabet serait également utile pour gagner de
la place, car, les noms étant rangés par ordre alphabétique, il n'est pas
besoin de les séparer en chapitres ; personne n'ira chercher le Z au commencement. Or, en fait, — en prenant les pages ordinaires, celles où il n'y
a pas d'articles avec des notices en petit texte qui, pouvant être plus ou
moins longues, doivent par là même être mises en dehors, — il y a sous ce
rapport une très-grande différence entre le livret de 1875 et les anciens
livrets. Pour prendre les extrêmes, il y a beaucoup de pages actuelles
où, avec une indication d'une ligne par tableau, il n'y a que de six à neuf
tableaux, tandis qu'en 1847, par exemple, avec une impression tout
aussi lisible, il y a peu de pages où il n'y en ait pas de neuf à douze et
quelquefois davantage. L'impression actuelle est donc, comme on dit,
beaucoup trop *blanchie*. Je le répète, il ne s'agit pas ici d'une question
de prix de revient. Le livret, quel qu'il soit, fera toujours bien au delà
de ses frais ; il s'agit d'une question de commodité et d'usage. Plus le
livret est gros, moins le public s'en sert, et ce sont les artistes qui y
perdent, quelquefois pour l'intelligence de leur sujet, toujours pour la
connaissance de leur nom.

Je ferai encore une autre remarque : depuis un certain nombre d'années, on a ajouté, ce qui est des plus curieux et des plus utile, le lieu

de naissance et les maîtres de l'artiste. Quand on a fini par penser à demander officiellement aux artistes ces indications toutes naturelles, on y avait en même temps compris la date de leur naissance. Sur ce point, l'on a trouvé, et d'une façon très-générale, des répugnances invincibles. Il peut sur cette question de l'âge y avoir un certain nombre d'hommes qui soient femmes, mais il y a encore autre chose qu'une petitesse vaniteuse. Un très-jeune homme peut très-bien ne pas vouloir paraître aussi jeune qu'il l'est en réalité; au contraire, un homme plus âgé peut ne pas vouloir le paraître trop. C'est l'œuvre qui est exposée, c'est elle qui est en question, et non pas l'âge de celui qui l'a produite. L'expérience est donc faite; c'est un renseignement que les historiens futurs de l'art doivent se résigner à chercher ailleurs, puisque les intéressés se refusent à le donner; non pas tous, à coup sûr, mais il serait impossible que cette mention se trouvât à quelques artistes et ne se trouvât pas à tous. Il en faut donc porter son deuil.

Par contre un détail très-important, qui ne prendrait pas de place, parce que presque toujours il tiendrait dans le bout de ligne blanc qui termine chaque article, c'est la dimension de l'œuvre. Une statuette de marbre ou de bronze peut avoir six pouces ou trois pieds; la *Prise de Malakoff* de M. Yvon et la *Bataille de Solférino* de M. Meissonier sont loin d'être de la même taille. Il n'importe au Salon; on a la chose devant les yeux, mais on l'oublie ensuite. Lequel est le plus grand des deux paysages qu'on a vus et dont l'on se souvient? Quelle est la proportion entre la hauteur et la largeur? En fait de Lédas, par exemple, il y en a qui sont debout, il y en a de couchées; la dimension seule suffirait à le rappeler. Je ne veux sur ce point citer qu'un exemple. Le Louvre possède un petit tableau de David qui représente Bélisaire, et c'est celui-là qu'il a exposé en 1783. Nous le savons par le livret, qui le dit exceptionnellement « d'environ quatre pieds de long sur trois pieds de haut ». Sans cela on penserait forcément à l'énorme tableau, de la grandeur des *Sabines* et du *Léonidas*, peint en 1780, acheté par l'Électeur de Trèves, ensuite par Lucien Bonaparte, et dont la toile du Louvre n'est qu'une réduction postérieure. Cette année même il ne serait pas inutile de laisser la trace formelle que la figure couchée de M. Henner est un très-petit tableau, d'une toute autre taille que sa grande femme couchée sur un divan de velours noir qui était de grandeur naturelle, et que sa tête de femme n'a qu'un pied de haut, tandis que son portrait d'homme en a quatre et non pas sept. L'histoire de l'art est plus intéressée qu'il ne semble à cette précision, et, comme il suffirait, dans le bulletin qu'on donne à remplir aux artistes, d'ajouter une colonne pour y écrire les dimensions, qu'ils savent tous et qu'ils n'ont aucune raison de refuser, ce serait sérieusement une indication précieuse. Elle servirait surtout à l'avenir, j'en conviens; mais sur tant de points on a si peu fait dans ce sens que l'on devrait bien ne pas imiter la négligence de nos prédécesseurs et faire plus souvent quelque chose pour ceux qui viendront après nous.

ANATOLE DE MONTAIGLON.

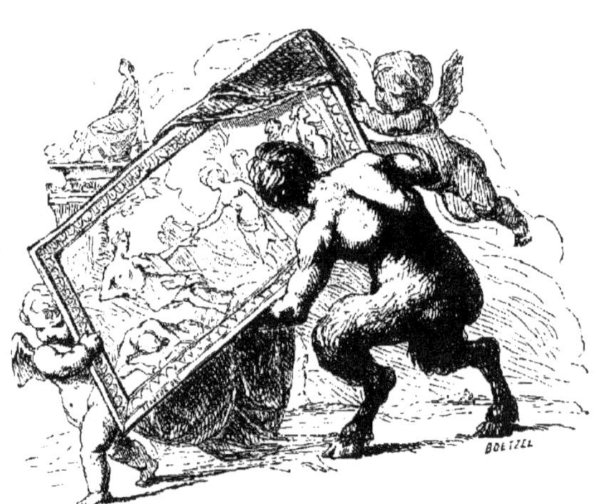

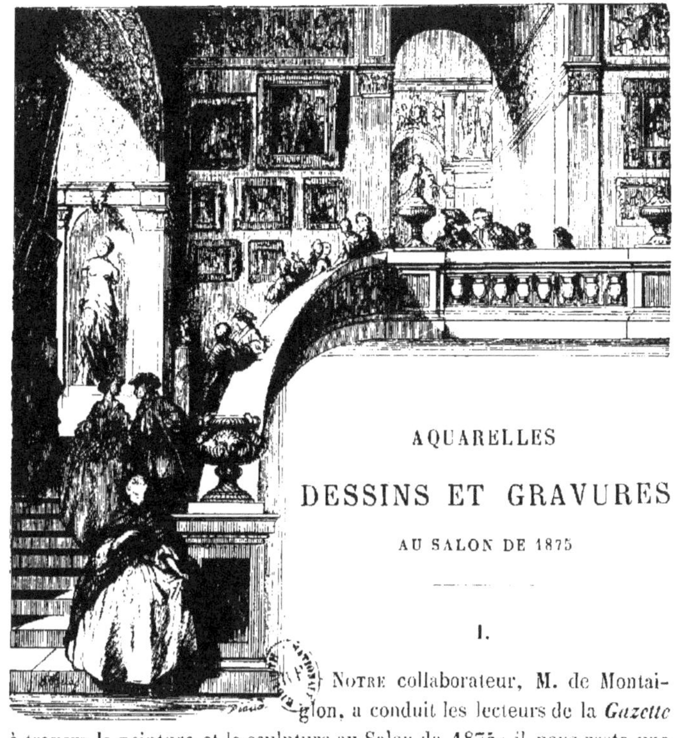

AQUARELLES

DESSINS ET GRAVURES

AU SALON DE 1875

I.

Notre collaborateur, M. de Montaiglon, a conduit les lecteurs de la *Gazette*
à travers la peinture et la sculpture au Salon de 1875; il nous reste une
tâche plus modeste à remplir, celle de dire quelques mots, en *post-scrip-
tum*, des aquarelles, des dessins et des gravures. Il leur a dit, en termi-
nant, combien il serait désirable de séparer ces expositions spéciales de
la grande exposition, et combien celles-ci y gagneraient individuellement,
au grand avantage du public et des artistes; il nous est impossible de
ne pas nous associer pleinement à ces justes réflexions en souhaitant
qu'à l'exemple de l'Angleterre, nous ayons bientôt des expositions an-
nuelles de gravures et d'aquarelles. Peut-être alors pourrions-nous
opposer quelque chose à la remarquable école d'aquarellistes de nos voi-
sins d'outre-Manche.

Si les graveurs peuvent, à la grande rigueur, se passer des bénéfices
de l'exposition publique, il n'en est pas de même des aquarellistes et des
dessinateurs, dont les moyens de publicité sont beaucoup plus restreints.
Nous avons eu beaucoup de peintres, comme Decamps, comme Delacroix, comme Regnault, qui ont fait d'admirables aquarelles; nous
n'avons pas eu, sauf peut-être Eugène Lami, d'aquarellistes proprement

dits. Cela ne tient-il pas un peu aux maigres encouragements que cette branche de l'art a jusqu'ici trouvés en France?

Sous ce rapport, nos expositions font piteuse figure à côté des brillantes exhibitions de la Société des aquarellistes anglais. Ce n'est pas que l'on n'y puisse rencontrer çà et là des œuvres exquises et marquées au bon coin, mais elles manquent de tenue, d'ensemble et d'accent. Celle de cette année, plus nombreuse que de coutume, n'est ni meilleure ni pire que les précédentes. C'est une macédoine indigeste de fusains, de crayons, de croquis à la plume, de pastels, de gouaches et d'aquarelles intercalés sans transition entre des dessins d'architecture et des gravures à l'eau-forte. Question d'arrangement, de milieu et d'opportunité, car le voyageur intrépide qui, après avoir parcouru les vingt-huit salles de la peinture et regardé les deux mille tableaux qui s'y trouvent, a le courage de suivre pas à pas le long corridor intérieur de la grande nef, peut rencontrer là maintes jouissances. Il y a dans cette foule des visages connus et charmants.

Entre toutes les aquarelles, les plus personnelles, les plus lestes et les plus décidées de facture, les plus mordantes par la touche et par le ton, c'est-à-dire par les qualités maîtresses de la peinture à l'eau, sont, à notre avis, les deux vues de la *Place Pigalle* de M. Pils. Le peintre, qui habite là, les aura enlevées sur le vif dans un jour d'ennui et de désœuvrement; cela se devine à la franchise presque brutale de ces deux petits tableaux, qui donnent, avec plus de naïveté peut-être, la même note parisienne que la *Place de la Concorde* de M. de Nittis. Une bien jolie aquarelle de peintre, claire, rapide, légère et sans reprises, est celle de M. Maxime Claude d'après son tableau du Salon de 1867, *Souvenir de Rotten-Row, à Londres*. Celles de M. Edmond Morin sont moins franches et moins fermes d'aspect, elles visent moins à la réalité naïve, mais elles sont bien fines et bien spirituelles; le caprice qui les anime est d'une finesse charmante, il éclate et petille en notes claires et vives, et les pare d'une délicate et moderne élégance. Charmantes aussi sont les deux aquarelles exposées par Mme Nathaniel de Rothschild, deux vues de rue à Salies-de-Béarn (Basses-Pyrénées); on y sent la souplesse ingénieuse d'une main féminine rompue à toutes les difficultés. Mme de Rothschild a plus qu'un talent d'amateur, et ses succès comme aquarelliste peuvent être enviés par plus d'un homme du métier. Dans le même genre, nous citerons aussi les aquarelles bien anglaises de William Wyld, la *Place du marché à Bagnères de Bigorre* et deux vues de Venise, d'une justesse et d'une vérité dignes de Canaletto ou de Joyant. Celles de M. Pio Joris, l'une des nouvelles étoiles de la débordante et envahissante école de

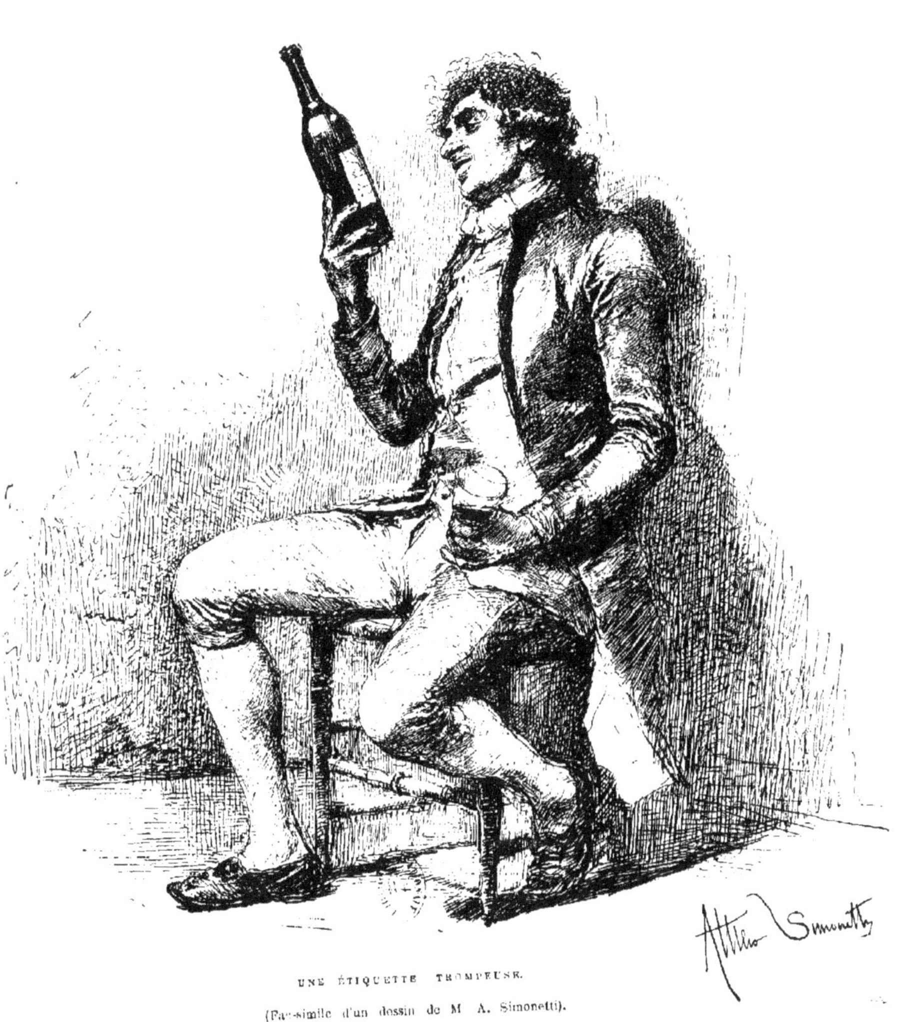

UNE ÉTIQUETTE TROMPEUSE.

(Fac-simile d'un dessin de M. A. Simonetti).

Fortuny, — car ainsi va la mode dans ses exagérations, qu'il n'est plus besoin d'être un Leverrier pour découvrir des astres inconnus dans ces ciels factices de l'art, — deux vues très-montées de ton des environs de Rome, *Une rue à Subiaco* et *Une rue à Tivoli;* celles pimpantes et papillotantes de M. Attilio Simonetti, un autre disciple déjà célèbre de Fortuny; et celle de M. Zacharie Astruc, qui a la saveur espagnole d'une sérénade amoureusement murmurée, les *Balcons roses;* sans oublier les charmantes et délicates compositions, lavées de tons clairs et doux, *la Danse, les Saisons* et *le Printemps,* de M. Eugène Froment.

Dans un autre genre, il est deux œuvres qui s'imposent à l'attention de tous ceux qui aiment les choses franches et sincères, et que nous aurions garde de ne pas signaler. Elles sont signées d'un nom de femme du monde bien connue : ce sont les deux études de poissons de Mme de Nadaillac, *la Sèche élégante* et *la Raie bouclée.* Au point de vue de l'originalité et de la maîtrise du procédé, ces superbes études grandeur nature sont, avec les pochades de M. Pils, ce qui nous a le plus incontestablement intéressé dans toute cette partie de l'exposition. Ce sont plus que des morceaux d'aquarelle, ce sont de véritables morceaux de peinture, surtout *la Raja clavata,* avec la grasse souplesse de ses chairs et les demi-teintes roses de sa peau semée d'aiguillons crochus.

Les paysagistes aquarellistes sont, comme à l'ordinaire, fort nombreux. Le paysage s'accommode volontiers des ressources de l'aquarelle; il y trouve son élément naturel et presque banal. Sans avoir la prétention de mentionner tous ceux qui dans ce coin spécial font preuve d'un talent aimable et facile, nous ne pouvons cependant passer sous silence les noms de MM. Frédéric Henriet, Théodore Valerio, Foulongne, de Dartein, Jean-Baptiste Millet, frère et élève de François Millet, Ferdinand Moreau, Lerolle, Jules Grenier, Courtois-Valpinçon et François Rivoire, dont les bouquets de fleurs à la gouache ont la délicieuse harmonie de tons de la nature même, et celui du maître en ce genre, M. Harpignies, dont les aquarelles, bien plus que les peintures, ont une vigueur et une justesse de tons incomparables.

Le pastel, cette année, présente un certain intérêt, grâce au très-remarquable portrait de femme, exposé par Mme Carolus Duran, qui tranche sur les habitudes vieillottes et un peu démodées du genre par la franchise et la décision du procédé, et à deux portraits de jeune fille, d'un éclat vivant et frais, par M. Galbrund. Ainsi que l'a très-justement fait remarquer notre ami Paul Mantz, dans l'un de ses excellents articles, il y a dans cette étude de tête de Mme Carolus Duran une intelligence des véritables conditions du pastel, c'est-à-dire des conditions simples et ration-

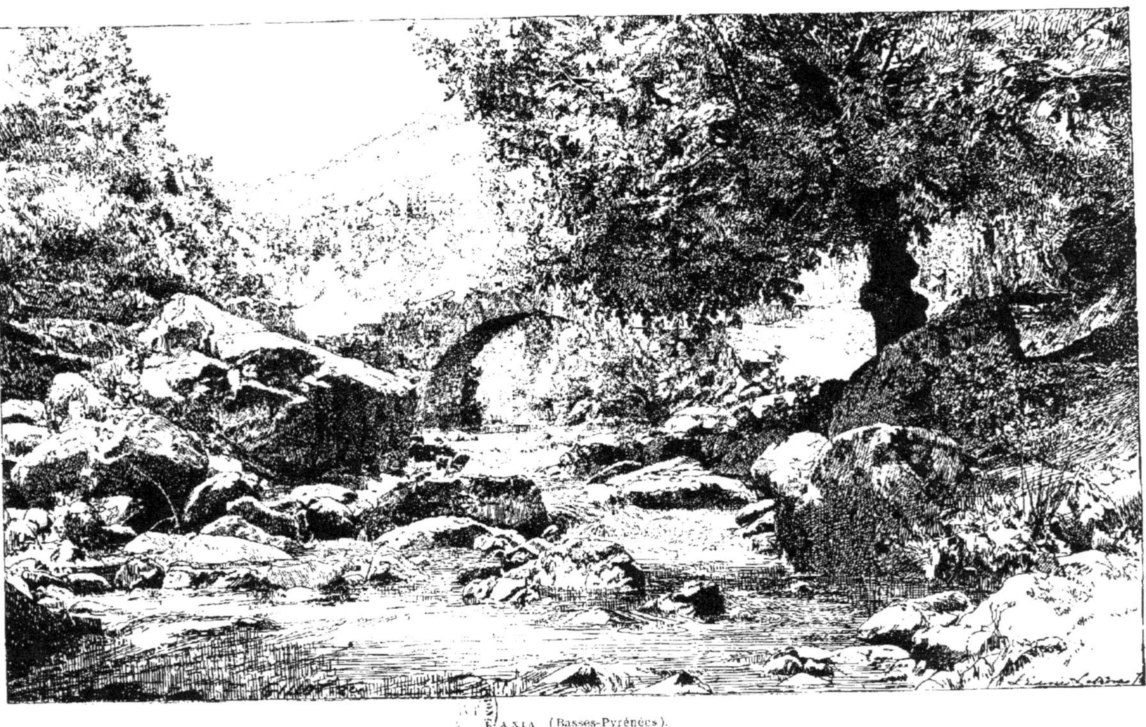

AXIA (Basses-Pyrénées).

(Fac-simile d'un dessin de M. L. Letrône.)

nelles de dessous bien établis enveloppés d'un épiderme léger, transparent et gardant à la forme sa fleur et sa vie, qui peut servir d'exemple et devenir le point de départ d'une sorte de rénovation de cet art qui fut jadis un merveilleux instrument d'expression entre les mains d'un Latour, d'un Chardin, d'un Prud'hon.

Les portraits, d'ailleurs, ont encore du bonheur dans cette section de l'exposition, et il n'est que juste de citer le ravissant portrait de jeune fille de M. Pollet, en robe blanche, avec deux nœuds de rubans bleus sur un fond rose ; ceux de M. Saintin et de M. La Guillermie, les purs et élégants crayons de MM. Chaplain, Petit-Brégnat, Wymbs et Paul Flandrin, et les deux fusains de M. Boetzel, un grand portrait de femme et celui de M. Bosch, le très-habile guitariste ; ceux enfin de M. Gustave Courtois qui, d'un style et d'un faire plus personnels, nous ont laissé entre tous un souvenir persistant, comme certains crayons très-finis d'Holbein. Dans cette voie et avec de tels dons à saisir et à pousser la ressemblance, M. Courtois peut se faire un nom à part et fort remarqué.

Les dessins proprement dits, plumes, crayons et fusains, par leur nombre comme par leur importance, mériteraient une revue spéciale et étendue que le peu d'espace dont nous pouvons disposer nous empêche d'entreprendre. Nous retiendrons entre tant d'œuvres si diverses : — parmi les fusains, une admirable *Vue des quais de Bordeaux*, par M. Maxime Lalanne, dont nous donnons ici une gravure obtenue par le procédé de M. Thiel, qui semble bien près de réaliser un progrès considérable dans l'industrie de l'image — le tirage aux encres grasses de clichés photographiques —; une *Halte de caravane aux environs du Caire*, et des *Syriens en voyage*, deux orientales à la Marilhat, de l'effet le plus juste et le plus puissant, par M. Théodore Frère ; — parmi les dessins à la plume, une figure d'homme assis, l'*Étiquette trompeuse*, par M. Simonetti, et un gave des Pyrénées, par M. Ludovic Letrône, que nous reproduisons aussi tous deux. M. Simonetti a su s'approprier les allures dégagées et spirituelles du faire de Fortuny ; quant à M. Letrône, il manie la plume avec une dextérité surprenante et comme une virtuosité spéciale que nous sommes heureux de mettre en lumière par le fac-simile ci-joint. Son coup de plume a le nerveux et le mordant d'un trait d'eau-forte.

II.

Bien plus encore que l'exposition d'aquarelles et de dessins, l'exposition de gravure appelle d'urgence les honneurs d'un local spécial ; son éclat et son importance déjà bien grands en seraient décuplés. L'art

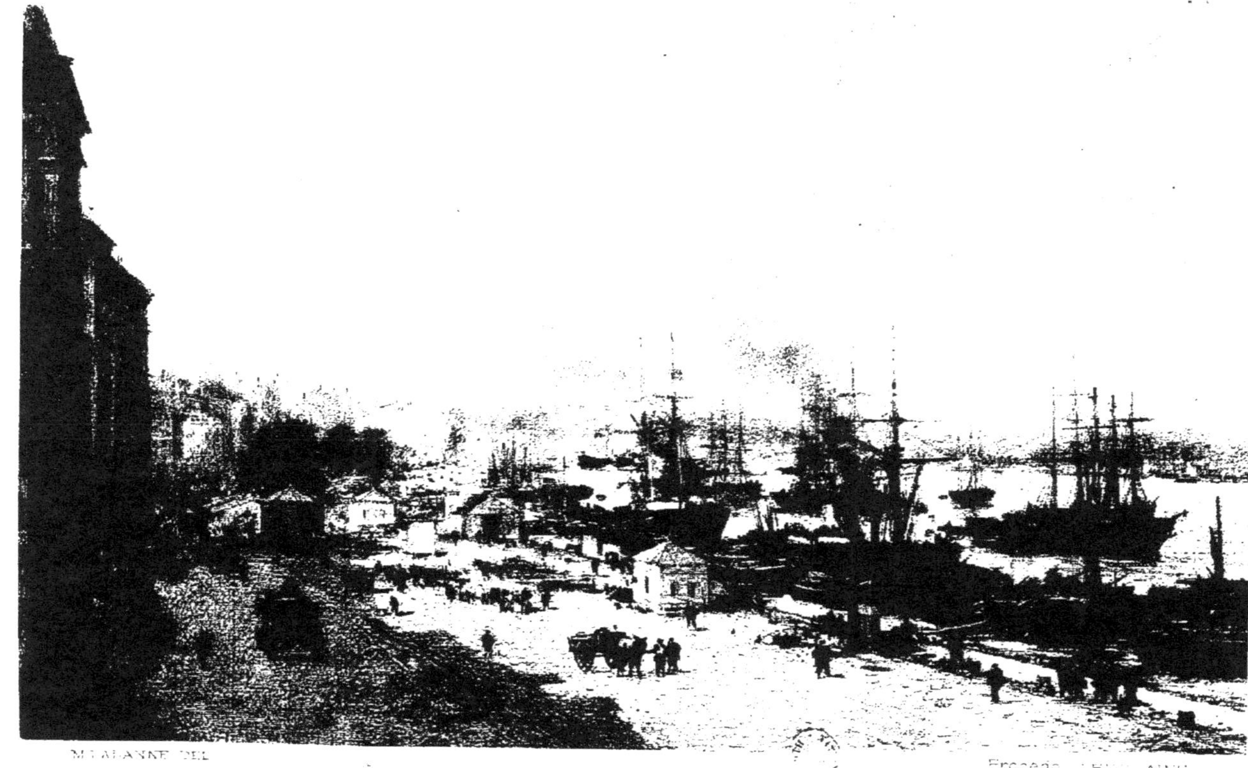

PORT DE BORDEAUX
VUE PRISE DES CHARTRONS
Salon de 1875

de la gravure est devenu un art trop essentiellement français pour ne pas mériter chez nous les plus larges encouragements. Même dans ces conditions restreintes et défavorables, cette exposition-annexe témoigne d'une singulière activité de production dans ce sens, non pas dans le sens de la gravure au burin, mais dans celui de l'eau-forte ; car dans la vieille lutte entreprise entre ces deux formes de la gravure en creux, la noble et caressante taille-douce s'humilie et s'efface devant la gigantesque croissance de sa sœur cadette. Ce n'est pas une décadence, c'est une désertion, et n'étaient les efforts généreux de la *Société française de gravure* et de la *Chalcographie,* qui seules encore commandent de grandes et coûteuses planches, ce serait une véritable disparition.

Aussi que de services ces deux institutions n'ont-elles pas déjà rendus, surtout la Société de gravure qui dispose de plus de ressources. Ses travaux lui assurent dès maintenant une place éminente dans l'histoire de l'art français. Son exposition de cette année est extrêmement remarquable. A côté de *la Leçon de clavecin,* d'après Metsu, par M. Morse, elle expose *le Jugement du prix de l'Arc,* d'après Van der Helst, par M. Huot, et *l'Amour sacré et l'Amour profane,* d'après le Titien, par M. Jules Jacquet. Si ces trois belles planches manquent un peu de cette simplification de l'effet et de cet accent du trait qui sont la force de la taille-douce et qui donnent une si grande supériorité aux œuvres des Nanteuil et des Drevet, et plus tard à celles des Mercuri et des Henriquel-Dupont, elle sont du moins le charme et l'élégance des choses amoureusement travaillées ; dans cette cohue tapageuse, elles ont la tenue et le langage de la bonne compagnie. On pourrait peut-être demander plus de vivacité et de hardiesse au burin de M. Morse, pour le brillant et le flou des étoffes de Metsu ; mais les têtes des personnages sont rendues avec un calme et une distinction que ne saurait donner l'eau-forte pure.

E. Rousseaux est mort, M. François et M. Henriquel-Dupont se taisent ; M. Gaillard, après ses grandes œuvres publiées par nous et son portrait du *Saint Père,* se recueille et s'absorbe dans de nouveaux labeurs ; M. Didier s'abstient ; les rangs sont donc bien clair-semés à ce Salon. Ceux qui restent ce sont MM. Bertinot, qui a gravé *la Belle Jardinière,* d'après Raphaël ; Desvachez, *le Christ entre les deux larrons,* d'après Rubens ; Léopold Flameng, *l'Abondance,* Rubens de la galerie Lacaze, pour la Chalcographie ; Lévy, *le Damoclès* de Couture, avec la facture classique des tailles soigneusement entre-croisées ; Dubouchet, *la Divine Tragédie* de M. Chenavard ; et Jules Jacquet, qui a exposé, avec *l'Amour sacré et l'Amour profane* du Titien, une importante et très-habile gra-

vure du groupe de M. Mercié, *Gloria victis.* Ce dernier travail est fort
intéressant. Il participe bien au défaut du moment et manque un peu de
fermeté et d'accent, mais c'est dans l'ensemble une très-belle pièce,
très-souple de facture et d'une valeur très-égale, très-soyeuse de ton, d'un
effet blanc et doux, obtenu par un usage heureux du pointillé, et, si l'on
était tenté de lui reprocher sa qualité claire de coloration, il ne faudrait pas
oublier qu'elle a été exécutée d'après le plâtre et non d'après le bronze.

Toutefois ces belles œuvres du burin, par leur caractère même, leur
format et leur prix, ne s'adressent qu'à un public très-restreint. Pour la
masse, l'eau-forte règne maintenant sans partage; cela est indiscutable
et cela se conçoit. L'eau-forte seule, avec ses procédés rapides et peu
coûteux, avec ses moyens multiples et ses ressources infinies, peut lutter
avec la photographie. Aussi, tout en regrettant cet effacement progressif
du burin, ne peut-on s'empêcher d'admirer cette floraison magnifique
de l'eau-forte. L'eau-forte aujourd'hui s'appelle légion. Les deux grands
virtuoses de la pointe sèche et de la morsure, les deux maîtres incomparables, Flameng et Jacquemart, sont absents cette année, mais à côté
d'eux que d'heureux encore et que d'habiles ! C'est M. Charles Waltner,
un harmoniste qui excelle à rendre les colorations chatoyantes des étoffes,
leurs cassures et leurs brillants, les clartés ambrées des fonds, la fraîcheur des tons rompus et emmêlés, l'éclat satiné de la peau ; c'est
M. Lerat, un jeune et un nouveau venu plein d'ardeur et de talent, dont
la pointe fine, précise et spirituelle traduit à merveille les exiguïtés mi-
nuscules des plus petits tableautins; c'est M. Desboutin, qui a exposé
une série de dix portraits gravés à la pointe sèche d'une façon originale
et hardie ; c'est M. Foulquier, le très-habile et très-inventif illustrateur
des splendides éditions de la maison Mame, dont la pointe pleine de
verve, de délicatesse et d'exquise élégance, a signé les petits tableaux à
l'eau-forte qui donnent tant de prix au *La Bruyère,* au *Boileau,* au
Télémaque, au *La Fontaine,* sorties de la grande imprimerie tourangelle ;
c'est M. Hédouin, qui lui aussi est un inventeur et un dessinateur, comme
le témoignent les six charmantes eaux-fortes qu'il a faites pour *Manon
Lescaut;* c'est M. Gilbert, dont nos lecteurs connaissent déjà par la *Gazette*
un *Étal de poissonniers,* d'après Van Beyeren, et un *Portrait d'homme,*
d'après Van Dyck ; c'est M. Brunet Debaines, qui a magistralement rendu
le beau Canaletto du Louvre, *l'Église de la Salute;* ce sont MM. Chau-
vel, Lalanne et Greux, les excellents paysagistes, ce dernier avec un
grand et très-étonnant *Carrosse italien du* XVIIIe *siècle;* c'est M. Teys-
sonnières, l'aqua-fortiste bordelais, qui a gravé avec une si grande franchise d'outil le *Saint Bruno* de M. Laurens, et M. Queyroy, l'aqua-fortiste

vendômois; c'est M. Rochebrune, le grand interprète de l'architecture, qui cette année expose une vue de *la Sainte-Chapelle du Palais;* c'est M. Buhot, dont les fines japonneries ont été avec raison fort goûtées des *dilettanti* du ton monté et de l'effet fantasque; M. Edwin Edwards, avec ses vues d'Angleterre si colorées et d'une fantaisie si originale; ce sont enfin MM. Rajon, Courtry, Gaucherel, Lançon, Mongin, Laguillermie, Tancrède Abraham, Delauney, Lalauze, Taïée et Desjardins.

La lithographie, si brillante, si à la mode naguère, est également un peu délaissée, et cependant nous avons encore de bien charmants lithographes, comme MM. Gilbert, Sirouy et Vernier. On se rappelle l'adorable reproduction du *Portrait de Mlle Mayer* qu'a faite M. Sirouy pour la *Gazette des Beaux-Arts.* Quant à M. Gilbert, il a fait un véritable chef-d'œuvre d'après la *Séléné,* de M. Machard, qui d'ailleurs se prêtait admirablement aux pâleurs blondes et vaporeuses de la lithographie.

Plus habiles que jamais sont aussi les graveurs sur bois; trop habiles même, car ils ont détourné la gravure sur bois de sa forme naturelle et logique qu'avaient si bien fixée les graveurs du xvie siècle. A vouloir imiter le burin, l'eau-forte et la lithographie, le bois a perdu ses qualités natives. Ce genre de gravure traverse d'ailleurs une phase critique dans sa lutte avec les nouveaux procédés héliographiques, qu'ils s'appellent Gillot, Comte ou Dujardin. L'avenir appartient, quoi qu'on puisse faire, à l'héliogravure typographique, parce qu'elle supprime l'intermédiaire du graveur sur bois, et qu'elle rend directement le travail de l'artiste sans l'interpréter. Le bois n'a pour lui que l'élasticité de ses cellules et sa trame homogène qui le rendent si obéissant aux multiples efforts de la presse, et qui lui permettent d'obtenir de lui des colorations, des douceurs satinées et des effets de tirage que le procédé ne donne pas encore; mais il n'est pas difficile d'affirmer que le bois sera presque entièrement abandonné le jour où les perfectionnements de ce dernier permettront d'obtenir ces variétés de tirages et de colorations qui lui manquent encore. Il y aurait sur ce sujet des choses fort curieuses à dire. Nous y reviendrons peut-être un jour. Ceci toutefois ne doit pas nous empêcher de rendre entière justice au talent éprouvé de MM. Robert, Méaulle, Pannemaker, Chapon, Smeeton, Valette et Hildibrand.

LOUIS GONSE.

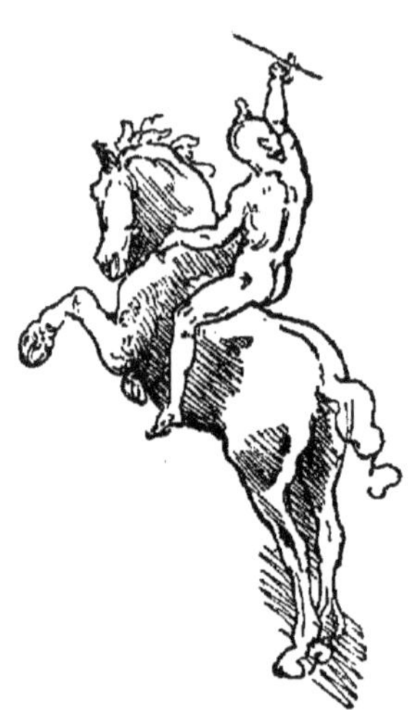

GRAVURES HORS TEXTE

GRAVURES DANS LE TEXTE

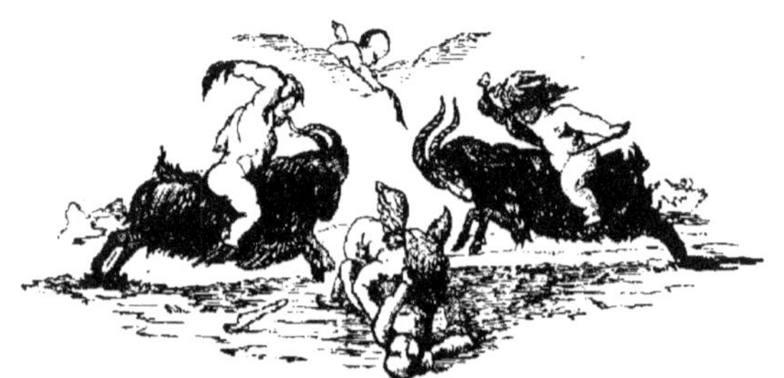

TABLE

DES NOMS DE PERSONNES, DES NOMS DE LIEUX ET DES SUJETS.

Les astérisques indiquent les noms de lieux.

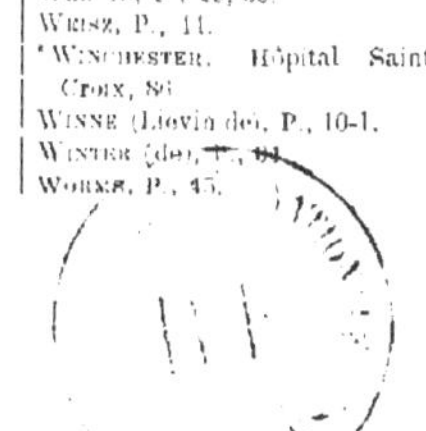

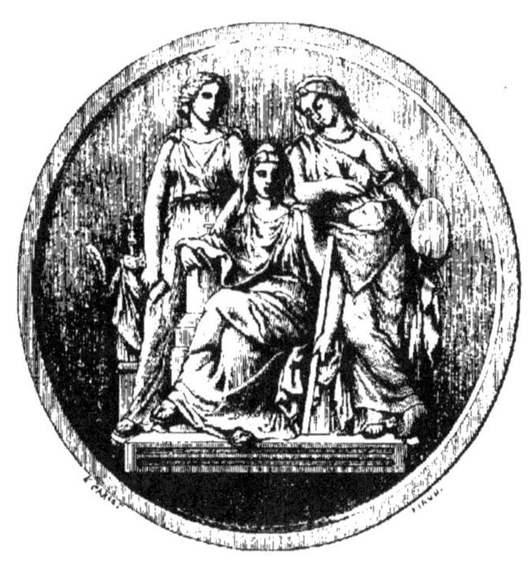

IMPRIMERIE DE J. CLAYE

RUE SAINT-BENOIT, 7

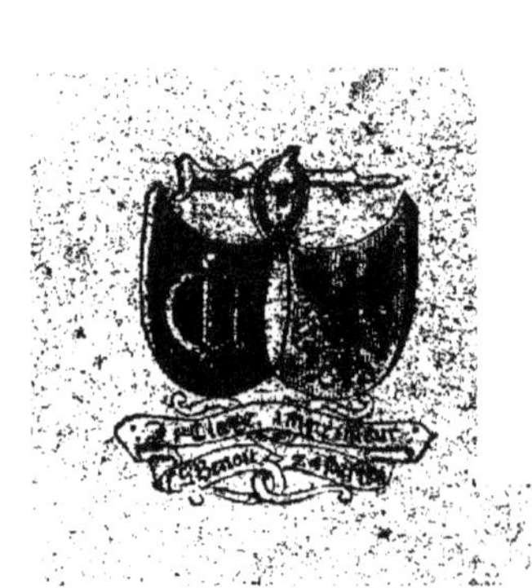

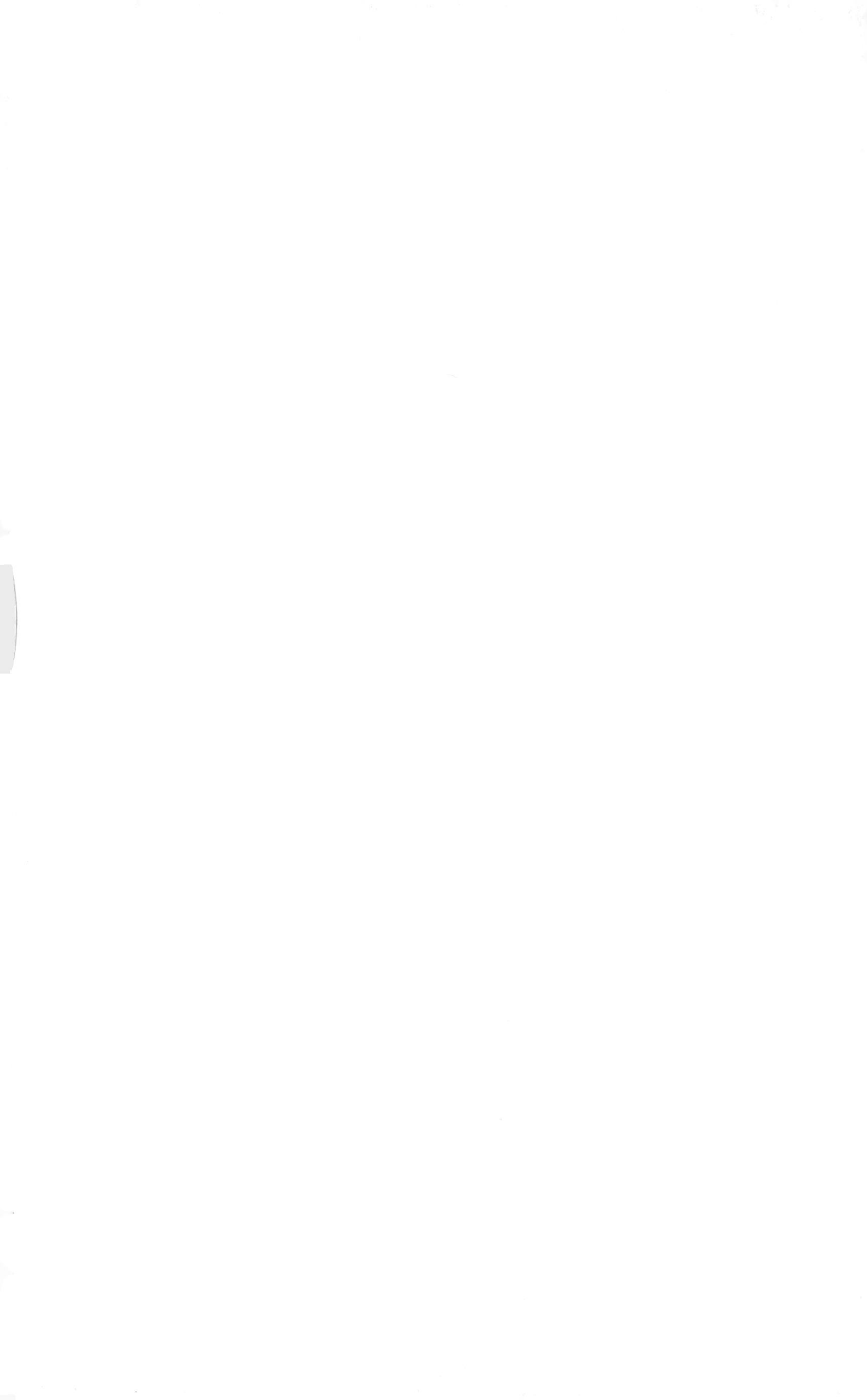